PALAVRA MULHER
PRÁTICAS TEATRAIS E NARRATIVAS DE LIBERDADE

Editora Appris Ltda.
1.ª Edição - Copyright© 2024 da autora
Direitos de Edição Reservados à Editora Appris Ltda.

Nenhuma parte desta obra poderá ser utilizada indevidamente, sem estar de acordo com a Lei nº 9.610/98. Se incorreções forem encontradas, serão de exclusiva responsabilidade de seus organizadores. Foi realizado o Depósito Legal na Fundação Biblioteca Nacional, de acordo com as Leis nºs 10.994, de 14/12/2004, e 12.192, de 14/01/2010.

Catalogação na Fonte
Elaborado por: Dayanne Leal Souza
Bibliotecária CRB 9/2162

M488p
2024
	Medeiros, Jemima Tavares de
	    Palavra mulher: práticas teatrais e narrativas de liberdade / Jemima Tavares de Medeiros. – 1. ed. – Curitiba: Appris, 2024.
	    91 p. : il. color. ; 21 cm. – (Geral).
	
	    Inclui referências.
	    ISBN 978-65-250-6374-4
	
	    1. Feminismo. 2. Narrativa. 3. Adolescentes. 4. Arte. I. Medeiros, Jemima Tavares de. II. Título. III. Série.
	
	                                                 CDD – 305.42

Livro de acordo com a normalização técnica da ABNT

Appris editora

Editora e Livraria Appris Ltda.
Av. Manoel Ribas, 2265 – Mercês
Curitiba/PR – CEP: 80810-002
Tel. (41) 3156 - 4731
www.editoraappris.com.br

Printed in Brazil
Impresso no Brasil

Jemima Tavares de Medeiros

PALAVRA MULHER
PRÁTICAS TEATRAIS E NARRATIVAS DE LIBERDADE

Appris
editora

Curitiba, PR
2024

FICHA TÉCNICA

EDITORIAL
Augusto Coelho
Sara C. de Andrade Coelho

COMITÊ EDITORIAL
Ana El Achkar (Universo/RJ)
Andréa Barbosa Gouveia (UFPR)
Antonio Evangelista de Souza Netto (PUC-SP)
Belinda Cunha (UFPB)
Délton Winter de Carvalho (FMP)
Edson da Silva (UFVJM)
Eliete Correia dos Santos (UEPB)
Erineu Foerste (UFES)
Erineu Foerste (Ufes)
Fabiano Santos (UERJ-IESP)
Francinete Fernandes de Sousa (UEPB)
Francisco Carlos Duarte (PUCPR)
Francisco de Assis (Fiam-Faam-SP-Brasil)
Gláucia Figueiredo (UNIPAMPA/ UDELAR)
Jacques de Lima Ferreira (UNOESC)
Jean Carlos Gonçalves (UFPR)
José Wálter Nunes (UnB)
Junia de Vilhena (PUC-RIO)
Lucas Mesquita (UNILA)
Márcia Gonçalves (Unitau)
Maria Aparecida Barbosa (USP)
Maria Margarida de Andrade (Umack)
Marilda A. Behrens (PUCPR)
Marília Andrade Torales Campos (UFPR)
Marli Caetano
Patrícia L. Torres (PUCPR)
Paula Costa Mosca Macedo (UNIFESP)
Ramon Blanco (UNILA)
Roberta Ecleide Kelly (NEPE)
Roque Ismael da Costa Güllich (UFFS)
Sergio Gomes (UFRJ)
Tiago Gagliano Pinto Alberto (PUCPR)
Toni Reis (UP)
Valdomiro de Oliveira (UFPR)

SUPERVISOR DA PRODUÇÃO
Renata Cristina Lopes Miccelli

PRODUÇÃO EDITORIAL
Sabrina Costa

REVISÃO
Katine Walmrath

DIAGRAMAÇÃO
Andrezza Libel

CAPA
Mariana Brito

REVISÃO DE PROVA
Sabrina Costa

A todas as mulheres que, generosamente, pavimentaram as estradas da vida onde firmei os pés e fiz minha caminhada.

AGRADECIMENTOS

Agradeço aos meus avós paternos e maternos Joaquim Dantas de Medeiros *(in memoriam)* e Cristina Maria de Medeiros, José Tavares de Lima e Ana Irineu do Nascimento Lima *(in memoriam)* pela vida, e pela abertura de caminhos para que eu pudesse passar com segurança.

Aos meus pais, Joaquim Dantas e Sonia Tavares, meu irmão, Juan Tavares, minha cunhada, Rafaela Dutra e meu sobrinho, Heitor Dutra eu sou grata pelo amor, companheirismo e parceria. Por segurarem minha mão para que a gente seguisse caminhando juntos rumo à felicidade, honrando a luta dos nossos mais velhos por uma vida digna.

Ao mandato do Deputado Federal Carlos Zarattini (PT-SP), Cleusa Garcia, Sebastião Birino, Nayanne Santana, Wagner Chaves, Silvio Vital e Vanessa Marques pela colaboração financeira e emocional para que este livro pudesse ser publicado.

À minha querida orientadora e amiga, Dr.ª Sulian Vieira, eu sou grata pela parceria durante esses mais de sete anos de pesquisa juntas. Aprendemos e compartilhamos sobre sororidade e força da palavra e da escuta para alcançar uma sociedade mais justa onde todas as pessoas sejam respeitadas.

Aos amigos, Thiago Silva, Jéssica Lawane, Jéssica Laranja, Yaciara Duarte, Filipe Da Hora, Leonardo da Silva, Camila Franco, Marília Gabriela, Sandra Regina, Janete Mercia, Ana Carolina e Ingreth Adri por me levantarem quando eu precisei e por comemorarem quando as vitórias chegaram.

Bruna de Sousa Amorim, Maria Rita Oliveira Feitosa, Giovana Feitosa Felisberto, Renata Estevam de Araujo, Juliany Morais dos Santos Batista e Milleny Ester Dos Santos Moura foram as melhores participantes de oficina que eu poderia ter. Com elas, eu pude aprender que o empoderamento não é solitário, mas que acontece a medida em que nos fortalecemos enquanto grupo. Pela entrega, dedicação e confiança, obrigada.

APRESENTAÇÃO

Escrita por Jemima Tavares de Medeiros, esta obra é a materialização de um ideal de vida. Um livro, um filho fecundado, concebido, gestado e parido nas vivências emocionais da autora. O texto envolvente traz como pano de fundo experiências emocionais que configuraram subjetivamente a menina, adolescente, mulher, filha, neta, atriz, estudante, professora e pesquisadora/doutoranda do teatro narrativo, voz e performance pela Faculdade de Artes da Universidade de Brasília (UnB).

Com o rigor exigido pela pesquisa científica que orienta metodologicamente o fazer teatro experimental, o texto se desenvolve na ação prática da dramaturgia e no entrecruzamento dialógico entre a vida cotidiana e a emocionalidade e anseios daquelas e daqueles que vivem a história em tempo real e lugar determinado. Laboratório experimental em que a vocalidade se expressa como emoção transbordante, que difere qualitativamente da noção de voz como expressão de fala do ator sobre o texto escrito. A partir de três dimensões distintas: a articulação da voz com a palavra; a existência da voz como performance; e voz/palavra como configuração de liberdade expressiva, uma poética de si mesma, o teatro performático aqui, mas do que técnicas vocais, a autora se posiciona de modo crítico-reflexivo ao discutir o universo cósmico feminino [ou, por que não, cosmogônicos].

Emocionante, instigante e inteligente *Palavra Mulher: práticas teatrais e narrativas de liberdade*, ensina o leitor a identificar e se apropriar de práticas discursivas emancipatórias, retóricas argumentativas e performáticas que tensionam os grilhões sociais e culturais que aprisionam e silenciam a mulher. Pesados portões normativos que cerram as saídas dos labirintos construídos nas crenças, regras, valores e ideologias do patriarcado arcaico e opressor, que tentam invisibilizar a complexa e polissêmica identidade mulher, "arquétipo da mãe" ou símbolo que transcende o género. Expressão simbólica que, embora relacionada com o feminino, não se limita às mulheres; mas representa qualidades e aspectos psicológicos que se podem manifestar em qualquer pessoa, independentemente do gênero. São, portanto, narrativas de liberdade, palavras cotidianas que expressam, denunciam, expulsam, mas que também criam, constroem, reconstroem, abrigam, acolhem, libertam e pulsam o corpo e no corpo de cada "mulher". Um livro escrito para todas, todos e todes aqueles que desejam resgatar o teatro como lócus legitimo de expressão catártica das vozes historicamente oprimidas, prática que traz a figura representativa da mulher no centro da dinâmica performática teatral. Sem sombra de dúvidas, uma das melhores, desafiadoras e mais excitantes propostas-trabalho com teatro experimental performático

Sandra Regina de Oliveira
Pedagoga e Mestre em Educação/Subjetividade e Desenvolvimento Humano – UnB

Não falo de dar o peixe, nem de ensinar a pescar. Falo de potencializar a pesca que se faz há muito tempo, em especial nas áreas de risco social, nos territórios da invisibilidade, nos grotões e nos guetos das grandes cidades brasileiras, onde pulsa uma cultura e uma arte tão fortes, mas tão fortes, que não há miséria, não há indigência, não há descaso ou violência que as façam calar.

(Gilberto Gil)

SUMÁRIO

I
"OS ENSINAMENTOS DA MINHA MÃE ME ENSINARAM A PENSAR SOBRE PLENITUDE".. 15

II
"NARRO, LOGO EXISTO" 23

III
EMPODERAMENTO 35

IV
É NARRANDO QUE SE ENCONTRA O CAMINHO 41

V
TEATRO E O DESEJO 47

VI
EU NÃO ESQUEÇO QUEM ME INSPIROU 51

VII
A CRIAÇÃO 55

VIII
POTENCIALIZAR OUTROS PROCESSOS DE EMPODERAMENTO ME EMPODEROU 81

POSFÁCIO 87

REFERÊNCIAS 89

"OS ENSINAMENTOS DA MINHA MÃE ME ENSINARAM A PENSAR SOBRE PLENITUDE"

Figura 1 – Meu irmão, Juan Tavares, na frente, e minha mãe, Sônia Tavares, segurando minha mão. Meu pai, Joaquim Dantas, tirou a fotografia (1993)

Fonte: arquivo pessoal

  Eu não lembro exatamente quando aconteceu, mas sei que desde o início da minha adolescência minha mãe falava sobre "lugar social". Ela sempre ressaltava que eu deveria saber qual era o meu lugar social. Afirmava diversas vezes que eu deveria saber de onde eu vinha e que a partir disso eu poderia escolher como me posicionar diante do mundo. Na época, confesso que isso não fazia muito sentido, eram palavras muito fortes das quais eu entendia um pouco do contexto, mas não necessariamente seus significados. Entretanto, todas elas ficaram gravadas em mim. Quando comecei o Trabalho de Conclusão de Curso que deu início à oficina teatral descrita nesta obra, me lembrei dessas palavras de minha mãe.

Para compreendermos melhor esse tal "lugar social" de que minha mãe tanto falava, vou apresentar um trecho dos escritos de Lélia Gonzalez (1935–1994), uma grande intelectual mineira que foi pioneira nos estudos sobre culturas negras no Brasil.

> E o risco que assumimos aqui é o do ato de falar com todas as implicações. Exatamente porque temos sido falados, infantilizados (infans, é aquele que não tem fala própria, é a criança que se fala na terceira pessoa, porque falada pelos adultos), que neste trabalho assumimos nossa própria fala. Ou seja, o lixo vai falar, e numa boa. (1984, p. 225).

A palavra "lixo" é utilizada para designar o que não se pode aproveitar mais, sobra, mas Gonzalez a ressignifica e relaciona com interpretações da psicanálise (Miller *apud* Gonzalez, 1984, p. 225). Na análise é preciso se fundar no que a lógica elimina para só então encontrar seus principais materiais no que não se pode aproveitar da lógica. Ou seja, o lixo.

Levando em consideração que a lógica do poder e da dominação coloca pessoas negras na lata do lixo da sociedade brasileira, Gonzalez assume esse lugar para romper com o significado semântico, enfrentar o sistema e alertar que a população negra estaria se posicionando, independentemente do que o próprio sistema tivesse determinado para eles.

Assim como as pessoas negras, mulheres, pobres e LGBTQIAP+ (Lésbicas, Gays, Bissexuais, Transexuais, Travestis, Queer, Intersexuais, Agêneros, Pansexuais e outros) são consideradas sistemicamente como esse lixo a que Gonzalez se refere, e apesar dos avanços conquistados com muito suor e sangue por esses próprios grupos, ainda é possível afirmar que permanecem com pouca ou nenhuma representatividade nos espaços de poder.

Por que grupos minoritários permanecem com pouca ou nenhuma representatividade política?

Para responder a essa pergunta, precisamos antes entender alguns conceitos.

Segundo a feminista estadunidense Patrícia Hills Collins, "homens brancos poderosos definem-se como sujeitos, os verdadeiros atores, e classificam as pessoas de cor e as mulheres em termos de sua posição em relação a esse eixo masculino branco" (*apud* Ribeiro, 2017, p. 44). Isso quer dizer que os homens cisgêneros brancos e ricos são considerados como padrão universal de ser humano, relacionando as existências diferentes deles como inferiores. Essa ideia de superioridade masculina é chamada de patriarcado. Marcia Tiburi (2018) diz que a base do patriarcado é a falsa ideia natural de uma "superioridade masculina, à inferioridade das mulheres". Para ela esse pensamento está presente não só nas pessoas, mas também na forma como se vive (cultura) e também nas instituições em geral, como escolas, empresas, governo etc.

E aí está a nossa resposta. O sistema patriarcal tem como principal objetivo permanecer no poder e impedir a existência de uma sociedade igualitária. Nesse sentido, são acionados diversos mecanismos de apagamentos históricos e identitários para que alguns grupos permaneçam silenciados ou até mesmo inexistentes.

As minorias sociais, que aqui podemos citar: mulheres, pessoas negras, LGBTQIAP+ e pobres, não são consideradas como gente no sistema patriarcal. Ou seja, têm sua humanidade negada, porque isso é necessário para que os homens brancos e ricos continuem ocupando espaços de poder, ditando as regras do jogo e da sobrevivência, sem a possibilidade de questionamento sobre esses privilégios. Entretanto, ao longo dos anos, a luta por espaços mais democráticos, espaços em que pessoas diversas tenham direito a falar e serem ouvidas, está se tornado cada vez mais presente na vida das pessoas. Por outro lado, as estratégias para que esse grupo dominante não perca sua posição de privilegiado e se mantenha no poder aumentam de forma espantosa, e isso acontece de forma autoritária e violenta.

Você sabe o que é feminismo interseccional?

Para que a gente possa entender um dos conceitos principais deste livro: empoderamento feminino, é fundamental que neste momento haja uma pausa na narrativa para abrir um diálogo sobre feminismo interseccional.

Há uma discussão que está relacionada diretamente aos processos de equalização de existências, que entendo como um desdobramento das reflexões sobre os processos de opressão. Refere-se ao reconhecimento da coexistência simultânea de vários tipos de opressão para uma compreensão mais complexa e, portanto, realista dessas estruturas. Longe de entrar em polêmicas conceituais, vale destacar agora como esse conceito foi utilizado na pesquisa que deu origem ao livro.

Os pesquisadores Winnie Bueno e José Carlos dos Anjos (2021) apresentam a interseccionalidade como uma práxis fundamentada pelas mulheres negras norte-americanas que pode ser compreendida "como conhecimento de resistência e como projeto de justiça social" (Bueno; Anjos, 2021, p. 362).

> Os caminhos percorridos por mulheres negras para a sua subjetivação perpassam por estratégias interseccionais. A consciência das multiplicidades de experiências que existem nesse grupo exige um fazer político em que as particularidades não sejam consideradas enquanto irrelevantes. As diferenças de classe, gênero, sexualidade, origem, idade e condição física são frequentemente observadas pelas mulheres negras no seu fazer ativista. Essa preocupação é resultado de uma concepção sobre o que significa a construção de justiça social. (Bueno; Anjos, 2021, p. 362).

Para a filósofa Marcia Tiburi,

> [...] o feminismo interseccional, que reúne em si os marcadores de opressão da raça, gênero, da sexualidade e da classe social, é evidentemente uma luta contra sentimentos acumulados. Da dor de ser quem se é, de carregar fardos históricos objetivos e subjetivos. A interseccionalidade das lutas nos leva a pensar que toda luta é luta quando é luta "junto com" o outro, o companheiro contra um estado de coisas injusto. (2018, p. 55).

O feminismo interseccional mostra que, para alcançar um estado de libertação, não podemos deixar de considerar outras opressões, como a racial, de classe, de sexualidade etc., que se somam à de gênero.

Contudo, é relevante mencionar que, apesar dessa metodologia ter sido importante para o trabalho, não é objetivo primário deste livro o aprofundamento nessas discussões, mas sim relevar a importância de se reconhecer a interseccionalidade como valioso conceito a ser visibilizado em estudos que discutem a trajetória histórica de mulheres.

O que é lugar social?

Todas as pessoas ocupam um lugar social. Esse lugar ocupado não necessariamente é determinante para a vida de cada um, mas representa uma construção histórica e cultural que dispõe o ser humano como oprimido ou privilegiado. É preciso destacar que essas construções podem ser ressignificadas tanto internamente quanto coletivamente, buscando que todas as existências vivam em igualdade. Um exemplo disso foi Lélia Gonzalez, que ressignificou o seu lugar social quando iniciou uma luta de forma coletiva para falar sobre si mesma (sua identidade e subjetividades) ao invés de "ser falada". Seu lugar social foi situado à margem da sociedade, como lixo, mas ela não aceitou a determinação e lutou ativamente para mudar essa realidade e ser ouvida.

Por isso que, independentemente do lugar social que ocupamos, conscientes disso, podemos ser capazes de criar estratégias para modificar a estrutura desigual que impera em nosso país. Como isso pode ser feito? Realizando pequenas movimentações em uma esfera menor, como uma oficina de teatro para potencializar processos de empoderamento em mulheres adolescentes, ou em esferas maiores, se organizando em grupos, coletivos, partidos políticos para lutar pela criação e implementação de políticas públicas de inclusão no Brasil.

Então, nesta obra chamamos de lugar social um conjunto de características físicas, econômicas e culturais que determinados grupos de pessoas têm em comum. Essas características podem colocar esses grupos em situações de privilégios ou desigualdades. Vale lembrar que o lugar social não é escolhido por cada indivíduo, mas, sim, determinado pela sociedade, a partir daquelas características citadas anteriormente, e que não é algo determinante, mas, sim, construído historicamente.

Por exemplo, eu sou uma mulher cisgênero, branca e de origem pobre. Esses são alguns dos marcadores sociais que tenho. Poderia citar outros marcadores como idade, sexualidade etc., mas vou focar a classe, gênero e raça apenas para fins explicativos. Por ser mulher, entendo que eu e todas as outras (cis ou transgênero) somos colocadas em um lugar subalterno aos homens, como já explicado. A origem pobre também me coloca em desigualdade em relação aos mais favorecidos economicamente, pois induz visões errôneas de que pessoas pobres devem estar dispostas a servir a quem tem mais dinheiro e de que não ascenderam financeiramente porque são incapazes ou preguiçosas. Apesar desses marcadores me colocarem em uma desvantagem social, sou branca e estruturalmente essa definição me coloca em situações de privilégios em relação a pessoas negras.

Com essa descrição sobre alguns dos meus marcadores sociais podemos observar que o lugar social é complexo e está quase sempre entrelaçado com marcadores de privilégios e de desigualdades.

Se neste momento da leitura você está confundindo lugar social com feminismo interseccional, chegou o momento de parar um pouco e termos outra conversa.

Lugar social é um conceito utilizado aqui nesta obra e na oficina realizada como força mobilizadora de trabalho. Em minhas pesquisas não achei nenhum autor ou autora que apresentasse esse conceito. Por isso, o termo "lugar social" é, nitidamente, uma memória afetiva que me transporta diretamente para o meu passado quando minha mãe tentava criar uma mulher autônoma e, acima de tudo, livre.

Já o feminismo interseccional, como apresentado anteriormente, é uma metodologia de resistência e existência criada por mulheres negras que questiona outras opressões que transpassam a raça.

E você, qual o seu lugar social?

Diante do que já foi apresentado aqui sobre patriarcado, e lugar social, você já tentou de alguma forma negar a humanidade de alguém? Já sentiu sua humanidade negada?

Essas reflexões podem ser importantes para que a gente não apenas seja capaz de compreender o que está acontecendo ao nosso redor, mas também seja capaz de realizar ações que mudem a realidade para melhor e, se necessário, mudar comportamentos opressivos em nós.

Vale lembrar também que essa explicação sobre lugar social não é apresentada para de alguma forma promover uma espécie de competição entre as opressões, mas para deixar bem marcadas as diferenças entre as pessoas. Essas diferenças representam vivências e pontos de vistas diversos sobre a realidade. Em *O que é lugar de fala?*, Djamila Ribeiro (2017, p. 51) nos ensina que "está tudo bem ser diferente, isso não é necessariamente ruim. O problema é quando essas diferenças passam a significar desigualdades".

II

"NARRO, LOGO EXISTO"

> *[...] as mulheres precisam falar de si mesmas em todas as esferas — na arte, no conhecimento, na religião, por exemplo. Assim é que o feminismo pode restituir a cada uma o seu lugar legítimo de fala. Por isso é que todas as feministas, de um modo ou de outro, quando escrevem, falam de si mesmas. Aprenderam que o feminismo lhes devolve a biografia que foi roubada.*
> (Tiburi, 2018, p. 94)

Nós mulheres somos muitas vezes silenciadas e induzidas a acreditar que nossa voz não tem importância. Somos manipuladas e obrigadas a permitir que outras pessoas narrem nossas histórias. Com a filósofa Marcia Tiburi, autora da epígrafe anterior, e com tantas outras mulheres, aprendi que falar sobre mim mesma é um ato de revolução, resistência e afeto. Isso não é apenas por mim, individualmente, mas também por todas as outras que vieram antes de mim e que, mesmo muitas vezes silenciadas, abriram um grande espaço para que minha voz pudesse ecoar respeito e presença por onde se escuta.

Compartilhar nossas vivências, conquistas, resistências como mulheres é uma forma de motivação coletiva para garantir voz, vez e espaço, que por muitas vezes nos foram negados. Por exemplo, me lembro que durante a minha adolescência e vida adulta deixei que o fato de ser pobre e mulher não me permitisse sonhar com acessos a bens culturais, espaços acadêmicos e de poder que eram negados a pessoas como eu. Naquele momento a força patriarcal cumpria seu papel de decidir inclusive o que eu deveria sonhar.

Naquela época, ecoavam em mim pensamentos fatalistas. Por mais esforço que eu fizesse estudando, eu não me considerava digna de trilhar um caminho onde eu tivesse uma boa qualidade de vida.

Possuir uma remuneração financeira adequada pelo meu trabalho profissional, com condições básicas de cidadania que permitissem acesso aos meios culturais, educacionais e de saúde que me proporcionassem certo bem-estar físico, social e emocional era algo quase que impossível de imaginar e provavelmente de se realizar.

Os pensamentos fatalistas tornaram-se mais perceptíveis quando li pela primeira vez *Pedagogia da Autonomia* (1994), do educador brasileiro Paulo Freire (1921–1997). Foi a partir dessa leitura que comecei a perceber que esse pensamento não era algo individual e subjetivo, mas que fazia parte do inconsciente coletivo de grupos oprimidos, e que nos ronda há muito tempo. Freire (1994, p. 22) alerta que "A ideologia fatalista, imobilizante, que anima o discurso neoliberal anda solta no mundo". Para ele, essa ideologia "insiste em convencer-nos de que nada podemos contra a realidade social que, de histórica e cultural, passa a ser ou a virar 'quase natural'". No primeiro contato com esse trecho, especificamente, pude perceber como realmente existe um sistema opressor que nos induz a acreditar que somos incapazes. Uma barreira muito bem preparada para que homens e mulheres, negros e brancos, pobres e ricos não tenham acesso às mesmas oportunidades, mesmo com esforços de setores democráticos para mudar essa realidade.

O que Freire nos mostra é que deixamos de perceber desigualdades, discriminações e preconceitos como construções histórico-sociais que podem ser mudadas a partir do nosso movimento coletivo. O que muitas vezes acontece, e acontecia comigo, é que enxergamos essas desigualdades como condição natural da sociedade, e isso nos imobiliza e impede de ver alternativas para uma possível transformação dessas situações históricas. Freire (1994, p. 21) ainda nos mostra que encarar a realidade como passível de mudança "não significa negar os condicionamentos genéticos, culturais, sociais a que estamos submetidos", mas, sim, "Reconhecer que a história é tempo de possibilidade e não *de determinismo*".

Eu reconheço nitidamente esses escritos de Freire na minha trajetória de vida. A possibilidade de transformar e transformar-se passou despercebida por mim durante muitos anos. Os fatores sociais que faziam eu me entender como naturalmente inferior limitaram minha percepção de enxergar a vida além do meu lugar social e suas opressões e, de forma muito eficaz, cumpriram seu papel em me silenciar e invisibilizar por algum tempo.

Contudo, hoje é perceptível que durante meu caminhar passei por situações de preconceito de classe e gênero em vários âmbitos, como escola, trabalho e relacionamentos afetivos, que foram centrais para que eu me considerasse incapaz de escolher o destino que gostaria de ter e batalhar para conquistá-lo.

Minha mãe, Sônia Tavares, que vivenciou comigo todas essas fases, nunca desistiu de me fazer entender que poderia até ser mais difícil para mim do que para outras pessoas, mas que valia a pena tentar alcançar possibilidades não imaginadas antes por ela, por minha avó e nossas ancestrais. Minha mãe sempre atuou como a principal estimuladora do meu processo de empoderamento. Tiburi traz um relato sobre o papel de sua mãe em seu processo de empoderamento:

> Por isso nossa mãe nos mandava à escola. Mesmo sem dizer-se feminista, ela sabia [...] que as mulheres precisam estudar. Que o direito ao estudo é fundamental para qualquer pessoa e também para as mulheres. E que só esse direito pode nos livrar do sistema de violência física e simbólica que pesa sobre quem é marcado como mulher (2018, p. 21).

Esse trecho de Tiburi foi muito importante para mim durante a graduação enquanto realizava estudos sobre feminismos porque me levou a refletir sobre minhas relações familiares. A partir desse momento eu comecei a destrinchar os laços que unem as mulheres. Pude perceber que minha mãe incentivava o estudo não apenas por nos amar maternalmente, mas por entender que, enquanto mulher e pobre, o conhecimento era a única alternativa para que eu conseguisse romper com tantas estruturas opressoras que nos cercavam. Ela, inclusive, já tinha começado a abrir o caminho para que minha passagem não fosse de tanta dor quanto a dela. Minha mãe também sempre cobrou muito que eu e meu irmão estudássemos. Acho que eu e ele não entendíamos muito bem o porquê daquela cobrança toda. Afinal, era "só um dever de casa", "só uma nota baixa". Olhando com distanciamento, atualmente, percebo que eu e meu irmão não tínhamos a real noção da importância do conhecimento e da formação básica na vida de uma pessoa, sobretudo quando se é pobre e mulher, no meu caso.

Tenho vivas na memória algumas falas da minha avó materna, Ana, que sentada no sofá de sua sala dizia repetidas vezes que eu deveria ser professora porque nunca me faltaria emprego. E ainda, durante alguns episódios em que meu avô, seu esposo, agia de forma ríspida e grosseira com ela na minha frente, ela me dizia que eu deveria estudar para nunca depender financeiramente de homem. À época eu não compreendia que ambas, minha mãe e minha avó, passaram por situações de machismo, classicismo e racismo e que não gostariam que eu passasse pelas duas primeiras. Elas sabiam da importância da autonomia, do empoderamento para mulheres como nós.

Minha avó e minha mãe sempre estiveram ao meu lado tentando me mostrar, da forma que elas conseguiam, o que era ser uma mulher pobre no Brasil. Além de sempre frisarem que, mesmo diante dessas condições, eu poderia ser capaz de sair do lugar em que me colocaram e ir para o lugar em que eu gostaria de estar. Ou seja, eu não precisava viver nas condições sociais que eu vivia na infância e poderia lutar para um dia não ser mais subjugada em razão do meu gênero e classe social.

Já reparou que ao falar de mulheres, principalmente mais velhas ou que já faleceram, utilizam sempre adjetivos como "guerreiras" e "resistentes"?

As tentativas de desumanização das mulheres são inúmeras e acontecem por todos os lados. Geralmente, mulheres pobres, negras e mais velhas são acompanhadas de adjetivos que simbolizam dor. Entretanto, mulheres, em suas diversidades, são seres complexos. Adjetivá-las apenas como guerreiras incentiva um estereótipo machista e anula suas subjetividades. E digo isso porque tenho muito viva a memória da minha avó Ana tentando de todas as formas fazer com que nós, filhos e netos, não passássemos pelas mesmas privações financeiras que ela havia passado, mas acima de tudo isso ela fazia questão de nos lembrar o quão importante era que fôssemos felizes. Nos alertava sempre de que a vida não deve ser apenas luta, mas que merecíamos também leveza e felicidade.

    As mulheres da minha família utilizaram toda a sua existência para que eu tivesse a vida que tenho hoje, e me refiro não apenas a bens materiais, mas a força, felicidade, sonhos, equilíbrio emocional e principalmente autonomia. Claro que os homens da minha família também colaboraram para meu crescimento, mas o afeto que é passado pelas mulheres da minha família com certeza foi especialmente significativo para minha existência e contribuiu enormemente para meu processo de empoderamento.

    Foi com meu ingresso na graduação em Artes Cênicas na Universidade de Brasília que as experiências da infância e da adolescência foram potencializadas. No espaço de aprendizagem acadêmico desenvolvi reflexões e questionamentos sobre minha história, que me constitui como filha, neta, tia, mulher, ser humano, gamense e brasileira. Hoje compreendo que a experiência humana não é resultado isolado de uma história única de um determinado indivíduo. É um processo sistêmico que se envolve e se desenvolve em diversos âmbitos das relações interpessoais, de diferentes modos e espaços entre as pessoas.

Figura 2 – Recepção de calouros na Universidade de Brasília (2012)

Fonte: DCE Honestino Guimarães

Eu poderia dizer que foi aqui onde tudo começou. Mas depois de ter lido minha história você consegue perceber que o início foi bem antes. A entrada na Universidade de Brasília para graduação em Licenciatura em Artes Cênicas, noturno, marca, na verdade, um passo em direção à realização de sonhos. É essa história que vou contar agora.

Escrever sobre esse período universitário de grandes experiências me faz refletir sobre a importância de falar; no caso desta obra, do narrar-se. Para Ribeiro (2018, p. 64), "falar não significa somente o ato de emitir palavras por meio da vocalidade, mas está ligada diretamente ao direito de existir". Trazendo essa citação para minha realidade, eu consigo perceber que, depois de reconhecer minha identidade — os fatores de opressão e privilégios que me cercavam, me assumir enquanto coletivo oprimido, questionar estruturas de opressão —, eu passei a existir de fato porque passei a falar por mim mesma. Confesso que, apesar de falar, nem todas as vezes consigo me fazer ser ouvida, mas isso não me cala nem me impede de pensar alternativas para que minha voz tenha vez. Em geral consigo ter calma e traçar estratégias para que isso aconteça, outras vezes não. Então me calo, o choro embarga a garganta, me entristeço, enfureço e até esmoreço. Limpo as lágrimas, respiro fundo e começo tudo de novo.

Narrar esse momento universitário aponta para a necessidade de abrir espaços para que grupos sociais oprimidos possam falar por si. Foi uma experiência surpreendente para uma menina do Gama, que não sabia se impor em lugares de poder, como a academia, mas contou com a colaboração de mulheres nesse período para se fortalecer. A partir desse fortalecimento, foi possível o meu encerramento da graduação com uma oficina chamada "Narrar para Empoderar", com estudantes adolescentes da periferia do Distrito Federal.

Em 2014, retornei à universidade após um desligamento. Eu iniciei os estudos na universidade em 2012, mas em 2013 comecei a trabalhar na Câmara dos Deputados como secretária parlamentar e não consegui conciliar o emprego com o curso de graduação, infelizmente fui desligada da universidade por um semestre. Em 2014, consegui retornar aos estudos abdicando daquele emprego. Era um ótimo trabalho, levando em consideração a pouca experiência profissional que eu possuía na área política. À época, havia uma possibilidade real de que eu fosse promovida, porém muito motivada pela minha mãe retornei à universidade para dar prosseguimento aos estudos. Naquele momento, o desejo de voltar para a graduação em Artes Cênicas era latente. Mesmo com a grande vontade de tentar, aquele sentimento de incapacidade e imobilização de que Paulo Freire falava ainda estava impregnado em mim. Foram muitos os momentos, já na universidade, em que eu não acreditava que seria possível obter êxito profissional trabalhando com teatro. Hoje, mais velha e mais distante da situação, tenho a impressão de que me parecia um sonho, um sonho mesmo, daqueles em que a gente só consegue ver quando está de olhos fechados, e ao abrir eu não sabia por quais estradas andar para torná-lo realidade.

Ainda em 2014, me matriculei na disciplina "Palavra em Performance", na qual Sulian Vieira era professora. Minhas memórias daquelas aulas são de estar presente e fazer os exercícios propostos pela professora, mas sem muita consciência do motivo ou objetivo da realização. Acontece que, infelizmente, meu ensino básico não havia me preparado para uma postura de pensamento crítico e reflexivo em relação ao que me era apresentado. Por isso, durante o início da faculdade eu estudava ainda como se estivesse no ensino médio. Eu fazia as atividades propostas sem muita capacidade de refletir sobre o que me era proposto. As atividades apresentadas por Vieira eram bem diferentes do que eu já havia realizado na minha curta experiência artística e, portanto, não faziam parte do meu repertório cênico.

Como dizia o poeta, "o tempo é rei". Só consigo reparar agora, enquanto escrevo este livro, que antes de participar dessa disciplina eu tinha uma ideia muito distinta sobre o que era atuar. Era como se eu identificasse a atuação como um ofício muito mais intuitivo, natural ou até celestial do que técnico.

A proposta de Vieira incluía uma visão mais pragmática sobre o treinamento de atores, desfocando dos processos de cunho introspectivo, por isso fazia com que eu me sentisse um pouco perdida nas aulas: não compreendia, a princípio, que era possível atuar a partir de outra perspectiva. Entretanto, mesmo com essas dificuldades, percebia que Vieira tinha comigo a mesma atenção que dispensava aos alunos que pareciam ter mais facilidade. Algo que para mim não era comum. Em determinado momento do semestre, a turma era dividida em duplas e fazíamos ensaios extraclasse com a professora. Em um desses ensaios, meu parceiro de cena faltou e fiquei por uma hora ensaiando com Vieira. Justamente nesse dia percebi que minhas dificuldades cênicas poderiam ser superadas com tempo, técnica e dedicação. A partir daí comecei a entender melhor minhas habilidades, pontos que poderiam ser melhorados, os procedimentos trabalhados na disciplina, e o principal, <u>foi a partir desse momento que comecei a quebrar aqueles pensamentos fatalistas de que falei anteriormente: que não seria possível obter êxito enquanto trabalhadora das artes.</u>

Enquanto educadora essa lembrança me motiva muito. Porque Sulian Vieira potencializava minhas habilidades por meio dos processos de ensaio, construção de cenas e estudos teóricos sobre atuação e teatralidades. O dia em que esse ensaio aconteceu foi fundamental e me impulsionou a continuar tentando ser uma boa atriz. Hoje, como educadora, percebo que essa experiência está relacionada com o que Freire descrevia como "simples gestos". Freire (1994, p. 47) nos motiva a pensar que: "O que pode ser um gesto aparentemente insignificante, vale como força formadora ou como contribuição do educando por si mesmo". Naquele momento da vida, eu não me achava merecedora da atenção de uma professora universitária. Por isso que o que para muitos pode ter sido um simples ensaio, para mim foi uma força mobilizadora de autonomia e perseverança.

No semestre seguinte, fui monitora de Vieira naquela disciplina. Propus a realização um Projeto de Iniciação Científica (PIBIC) e ela aceitou. Tivemos vários encontros durante um ano para conversar sobre minhas motivações para pesquisar. Me lembro com certa nostalgia do início da minha trajetória como pesquisadora:

eu começava a me preparar várias semanas antes de me encontrar com Vieira, lia e relia os artigos que estavam na ementa da disciplina que eu tinha cursado com ela no semestre anterior. Quando chegava o dia da nossa conversa eu me sentia paralisada. Eu pensava que nunca seria tão inteligente quanto ela e que, por mais que me esforçasse, nada era o bastante. Mesmo com essas inseguranças, Vieira me motivou a continuar e, aos poucos, fui entendendo que a pesquisa se realiza com desejo, reflexão e trabalho contínuo. Essas pesquisas precederam o PIBIC e tinham como foco não só a pesquisa de conceitos em si, mas uma ambientação de minha parte sobre o que é a escrita e a pesquisa acadêmica.

Os encontros pontuais envolviam diálogos sobre noções de desejo, conceito central em minha pesquisa, considerando Sigmund Freud, Jacques Lacan e Suely Rolnik, e o conceito de narrativa de Walter Benjamim. A pesquisa informal foi fundamental para que eu aprendesse a pesquisar, me ambientasse no mundo acadêmico, e me sentisse pertencente a ele. Foi muito difícil inicialmente, pois eu não tinha hábito de leitura de livros e artigos acadêmicos. Eu precisava ler, reler, fazer vários resumos para começar a captar o que estava escrito e poder dialogar sobre o conteúdo. Como aquele era meu primeiro contato com a pesquisa, Vieira me incentivou a ler e escrever sobre diversos autores para me familiarizar mais com esse processo. Esse momento inicial foi extremamente importante para que eu desenvolvesse uma capacidade de análise crítica de conceitos, para que eu compreendesse melhor a área de estudo que eu me propunha pesquisar e também para estreitar laços com Vieira, que futuramente seria minha orientadora.

Esses encontros abriram outros caminhos produtivos na minha graduação. Seguindo essa trajetória, em 2016 me matriculei na disciplina obrigatória "Direção 1", na qual os alunos estudam técnicas de direção que permitem pesquisar, planejar, organizar, analisar e avaliar os elementos de cena em função do espetáculo, e no final da disciplina apresentam uma cena que eles dirigiram. Eu já havia pensado nos mais diversos temas para o meu exercício de direção, mas ainda não havia me decidido.

Nesse período passei a reconhecer mais as minhas experiências de vida, dando a elas a devida importância. Creio que isso ocorreu em razão dos estudos sobre desejo e sobre narrativa, que potencializam nossa percepção sobre identidade e memória. Naquele momento eu havia decidido pesquisar sobre a história das mulheres que participaram de grupos de resistência aos governos militares brasileiros, durante a ditadura militar no Brasil (1964-1985).

Quando criança, tive um contato muito próximo com meu pai, que sempre gostou de contar histórias para mim e meu irmão. Como comunista convicto e assumido, Joaquim não contava histórias sobre princesas adormecidas que eram acordadas com o beijo de um amor verdadeiro. Aos 6 ou 7 anos, eu já ouvia falar sobre a resistência do povo brasileiro, a partir dos homens que lutaram durante a ditadura militar. Por meio da poesia de compositores como Chico Buarque, Caetano Veloso e Milton Nascimento, meu pai narrava sobre o sofrimento de se viver em tempos com o mínimo de direitos e liberdade, sobre a infelicidade que é viver sob o autoritarismo e o fascismo declaradamente abertos e em vigor no Brasil de 1964 a 1985. Eu acredito que essas experiências com as narrativas masculinas durante a infância me fizeram pensar mais sobre onde estavam as mulheres durante esse período. Meu pai falava pouco sobre elas e sua importância para o fim do regime ditatorial brasileiro.

Assim, baseada no livro *Luta! Substantivo feminino: mulheres torturadas, desaparecidas e mortas na resistência à ditadura*, escrito por Tatiana Merlino e Igor Ojeda em 2010, desenvolvi meu exercício de direção no ano de 2016. O exercício tinha como objetivo fazer uma relação entre o machismo sofrido pelas mulheres durante a ditadura militar no Brasil e o machismo sofrido na contemporaneidade por mulheres diversas. Assim, relacionamos os relatos de mulheres que foram torturadas durante a ditadura militar aos depoimentos pessoais das atrizes sobre variadas opressões vividas por elas e questionamos o mito da democracia racial e de gênero que é pregada no Brasil. As questões de gênero não foram apresentadas isoladas durante o exercício. Racismo, classismo e outras questões como a plasticidade (estética) também foram colocadas na dramaturgia de forma interseccional. A linguagem narrativa foi utilizada como recurso estético do trabalho. O exercício se tornou um espetáculo chamado *O mito das mulheres que viravam borboletas*, que foi realizado em quatro temporadas em Brasília e uma em Minas Gerais.

Figura 3 – Estreia do espetáculo. Em cena, Camila Franco (2016)

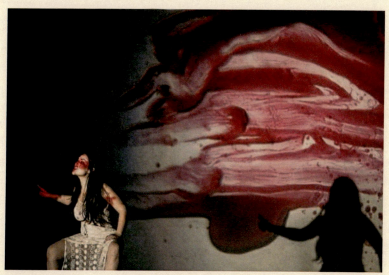

Fonte: foto de Matheus Alves / Mídia NINJA

Ainda no ano de 2016, passei a ser bolsista pelo Programa de Iniciação Científica da UnB/CNPq (PIBIC), sob orientação de Vieira, com o projeto: "Desejo de voz e a narrativa de experiências silenciadas". O projeto dava seguimento ao trabalho com questões de gênero e a ditadura militar. Eu estava motivada a pesquisar formas de se narrar ao público a história da morte da guerrilheira Jane Vanini (1945-1974), ressignificando a dor e o sofrimento apresentados no relato original, também no livro *Luta! Substantivo feminino* (2010) de Tatiana Merlino e Igor Ojeda, em amor e resistência. Para isso, eu e Sulian Vieira construímos uma narrativa a partir do relato de Vanini cujo foco recaía sobre as consequências na vida de uma mulher que optou pela resistência ao estado de exceção, passando a viver na clandestinidade, em associação a poemas do escritor chileno Pablo Neruda (1904-1973). Na época, uma das minhas motivações era perceber os impactos de mudar incertamente de país e de identidade; e os diversos limites existenciais que pessoas, seguras de seus objetivos, mesmo que aparentemente utópicos, são capazes de cruzar. Apresentamos em dois momentos diferentes na mostra semestral de Artes Cênicas da UnB, 61º Cometa Cenas.

As respostas do público foram diversas. As pessoas compartilharam como se sentiram afetadas pela história, seus sentimentos e percepções, e relataram que a construção da narrativa permitiu a elas acessar parte de uma suposta experiência que, direta ou indiretamente, fazia parte de suas histórias.

Após concluída, a pesquisa foi apresentada em dois congressos acadêmicos: 13º Mundos de Mulheres & Fazendo Gênero 11 (SC) e II Seminário Latino-Americano de Cultura, Política e História (MG), e ganhou certificado de honra ao mérito pela Universidade de Brasília.

As descrições anteriores fazem parte dos primeiros bordados de minha trajetória enquanto pesquisadora acadêmica; estes também teceram meu desejo por ir mais fundo nos estudos sobre formas de narrar histórias. Assim, foi possível imaginar que a narrativa também poderia ser uma estratégia de potencialização para grupos oprimidos. Narrar momentos específicos da minha biografia que marcam meus caminhos de busca por alcançar confiança em mim mesma se faz necessário, pois como ensina Ribeiro (2018, p. 67) compartilhar as experiências importa, não só para se afirmar a existência individual de cada um, mas para que sejam reconhecidas as experiências compartilhadas por diferentes pessoas em um mesmo grupo.

III

EMPODERAMENTO

Figura 4 – Minha prima Amora no dia da minha colação de grau (2018)

Fonte: foto de Kacau Machado

    Dizem que uma imagem vale mais do que mil palavras. Neste caso, talvez eu tenha que concordar. Essa foto foi tirada ao final da minha colação de grau, quando fui oradora da turma. Segurando meu diploma está minha prima, Amora Tavares Aquilino, filha da minha tia mais nova, Ana Rosa Tavares Aquilino. Ao contrário do que parece, a pose não foi combinada. Eu a peguei no colo e a Amora pegou o canudo. Eu não contive o riso da ironia do destino. Era como se toda a nossa ancestralidade estivesse ali presente querendo me dizer que assim como as mais velhas abriram espaço para eu passar, eu também estava abrindo caminhos para Amora trilhar.

A oficina de que trata este livro se deu pela minha vontade de investigar como poderia ser possível potencializar processos de empoderamento em mulheres adolescentes. Mas, antes da gente falar sobre isso...

Você sabe o que é empoderamento?

O termo brasileiro "empoderamento" é uma tradução do termo estadunidense *empowerment*. A pesquisadora Joice Berth é a autora do livro *O que é empoderamento?* (2018) e faz considerações sobre o significado e a origem semântica do termo. Ela faz um estudo sintático da palavra de origem inglesa e afirma que *power* "significa basicamente habilidade ou permissão para que alguém realize alguma coisa. Também significa autoridade, força, entre outras coisas" (2018, p. 18). Berth analisa que, em nosso país, o termo "empoderamento" "se constitui como um neologismo, associando uma palavra de origem inglesa a elementos de latim sem correspondência nos dicionários atuais" (2018, p. 20). Nesse sentido, esse termo foi utilizado por muito tempo no sentido de conceder algo a alguém.

Então é isso? Empoderamento é uma espécie de poder mágico que pode ser concedido a alguém?

Calma! Não é bem por aí. Paulo Freire foi uma das primeiras pessoas a ressignificar o termo "empoderamento" no Brasil. O autor questionou essa ideia de que alguém seria capaz de dar poder a alguém e desenvolveu uma série de argumentações e estudos sobre como um grupo pode se empoderar. O autor Pedrinho Guareschi (2010, p. 137-138), que dedicou parte de suas pesquisas à obra de Paulo Freire, diz que para o Patrono da Educação empoderamento não deve ser entendido dentro de uma perspectiva individualista, nem como uma noção de dar poder ao outro, que recebe de forma passional um recurso. Porque o real significado desse termo é que o empoderamento se desenvolve em um processo individual e coletivo no sentido de potencializar uma capacidade ou habilidade de alguém. A partir da perspectiva freiriana, empoderamento não é apenas algo individual e psicológico, mas um ato social e político. Ambas as estruturas, individual e psicológica, estão interligadas durante o processo, que é sempre social e coletivo, ainda que ocorra em aspectos subjetivos e pessoais também. Para Freire, "o empoderamento é o eixo que une a consciência e liberdade". E esses são os principais eixos do empoderamento para o autor, que são utilizados como principal base teórica para o desenvolvimento de um trabalho educativo e artístico sobre empoderamento feminino. Concordo com o nosso Patrono que na medida em que cada pessoa toma consciência das estruturas opressoras que a oprimem existe uma possibilidade maior de que consiga traçar alternativas para romper essas barreiras. Entretanto, o processo de consciência e libertação em geral não ocorre de forma linear e simples. Ao contrário, ouso dizer que é uma estrada cheia de altos e baixos em que muitas vezes damos passos para trás, outras corremos para a frente e de vez em quando optamos até por parar um pouco e descansar. Por isso que, conforme a linha freiriana, Guareschi (2010) diz que o caminho da liberdade só pode ser alcançado quando se tem consciência, mas o simples fato de ter consciência não torna alguém livre.

Você já deve estar percebendo aonde quero chegar: para que o empoderamento aconteça, é preciso potencializar processos de tomada de consciência das nossas identidades, ancestralidades, lugar social, estruturas de opressão e privilégios. As diversas camadas de opressão e privilégios que existem na sociedade atuam constantemente de forma violenta negando direitos a grupos oprimidos e também prejudicando o estado psicológico e emocional dessas pessoas individualmente. Por isso o processo de empoderamento é uma construção diária que não se encerra com o alcance de uma remuneração financeira adequada e se desenvolve à medida que potencializamos processos de conscientização e libertação de nossos semelhantes.

Berth (2018, p. 16) dialoga com os escritos de Freire sobre o termo e ainda avança na discussão quando afirma que o processo de empoderamento não acontece para inverter polos de opressão, mas existe como um posicionamento de resistência às opressões para encerrar de vez com as injustiças e equalizar as diversas existências. A autora também analisa que o processo de empoderamento de grupos não se refere a uma relação hierarquizada ou paternalista, na qual o grupo privilegiado concede algo para o grupo oprimido. Ela aprimora a discussão escrevendo sobre "equalização de existências", progresso que aconteceria à medida que as desigualdades sociais diminuíssem até o seu possível esgotamento.

Para Guareschi (2010, p. 148), o empoderamento se potencializa diante das interações sociais em que as pessoas são construídas. Freire observa que, criticamente, questionamos e problematizamos a realidade desigual em que vivemos e, desse modo, acredito que é possível abrir espaço para a conscientização e elaboração de alternativas para construção de uma sociedade mais justa. Por isso, Guareschi (2010, p. 148) afirma que, para Freire, essa "conscientização nos dá 'poder' para transformar as relações sociais de dominação, poder esse que leva à liberdade e à libertação".

Os estudos de Freire sobre empoderamento serviram como base para várias pesquisadoras feministas, como, por exemplo, Ribeiro (2015, p. 1), que afirma que: "Não é a causa de um indivíduo de forma isolada, mas como ele promove o fortalecimento de outras mulheres com o objetivo de alcançar uma sociedade mais justa para as mulheres". E a autora avança no diálogo propondo "enfrentar a naturalização das relações de poder desiguais entre homens e mulheres e lutar por um olhar que vise a igualdade e o confronto com os privilégios que essas relações destinam aos homens".

Berth (2018, p. 41) aponta que: "O empoderamento individual e coletivo são duas faces indissociáveis do mesmo processo", pois para ela "uma coletividade empoderada não pode ser formada por individualidades e subjetividades que não estejam conscientemente atuantes dentro de processos de empoderamento". Portanto, "o empoderamento individual está fadado ao empoderamento coletivo".

Tá, mas e aí? O que é empoderamento?

Bom, antes de mais nada é preciso destacar que não existem verdades absolutas. Existem respostas diferentes de acordo com os autores e até mesmo a época. Como já mencionado, para realizar a pesquisa e a oficina "Narrar para Empoderar", utilizamos os conceitos de Paulo Freire e Joice Berth.

Então, nesta obra consideramos o empoderamento como um processo que ocorre de forma individual e coletiva onde as pessoas se conscientizam das desigualdades e buscam sua libertação das opressões.

> O empoderamento consiste de quatro dimensões, cada uma igualmente importante, mas não suficiente por si própria para levar as mulheres para atuarem em seu próprio benefício. São elas, a dimensão cognitiva (visão crítica da realidade), psicológica (sentimento de autoestima), política (consciência das desigualdades de poder e a capacidade de se organizar e se mobilizar) e a econômica (capacidade de gerar renda independente) (Stromquist, 2002 *apud* Berth, 2018, p. 35).

Essa citação sobre as quatro dimensões do empoderamento não estava na minha pesquisa quando a realizei no encerramento da graduação. Entretanto, para fins didáticos, ao rever o material bibliográfico achei necessário que essas dimensões fossem descritas em forma de citação direta para uma melhor compreensão do termo. Apesar de isso não ter sido discutido com minha orientadora à época, destaco que a oficina estava situada na dimensão cognitiva do empoderamento.

⚠ Berth (2018) sinaliza uma preocupação com o fato da noção de empoderamento estar se esvaziando, à medida que está sendo usada para outros fins que não a libertação de grupos oprimidos, como, por exemplo, a comercialização de produtos cosméticos. Berth alerta que o patriarcado e o mercado estão utilizando o termo para marketing de seus produtos. Ou seja, o empoderamento vira uma espécie de magia que se realiza à medida que uma mulher compra determinado objeto. Esse movimento esvazia a discussão sobre justiça social e equidade de existências e, limitando o termo ao consumo desenfreado, dificulta o processo de conscientização de grupos oprimidos.

> **Para refletir**: você acha que essa utilização de termos como "empoderamento" para comércio é simplesmente para marketing ou existe uma intenção proposital de esvaziar temáticas que tratem de justiça social?

O empoderamento não é um fim, mas uma estratégia para alcançar uma transformação social plena, na qual não existam desigualdades. Para que isso ocorra é necessário um esforço coletivo e estatal que envolva um projeto de nação sério onde se pense na aplicação de políticas públicas de inclusão e responsabilização daqueles que continuarem a perpetuar ideias opressoras.

E é por isso que a oficina "Narrar para Empoderar" foi criada. Ela foi pensada a partir do meu lugar social com o objetivo de contribuir para uma transformação coletiva. Não menos importante, ela encerra um ciclo acadêmico, a graduação em Artes Cênicas na Universidade de Brasília. Depois de longos períodos de aprendizados acadêmicos, subjetivos e pessoais, eu estava me preparando para outros desafios.

Portanto, enquanto sujeita em processo contínuo de empoderamento, eu não poderia deixar de colaborar para a potencialização de processos de empoderamento de outras pessoas.

IV

É NARRANDO QUE SE ENCONTRA O CAMINHO

Para elaborar a oficina "Narrar para Empoderar" foi necessário pensar formas de colaborar para a potencialização do empoderamento feminino (tomada de consciência e libertação) em mulheres adolescentes, mais especificamente na dimensão cognitiva (visão crítica da realidade). Ao refletir sobre como ocorreu o meu processo de tomada de consciência, e a busca pela libertação do sistema opressor, identifiquei a forte influência do teatro. Por já ter iniciado a pesquisa sobre narrativa no PIBIC e observar os resultados positivos dessa linguagem para falar sobre experiências silenciadas em cena, decidi, junto com minha orientadora, Sulian Vieira, investigar formas de gerar questionamentos acerca da realidade por meio da narrativa na oficina.

Um dos autores que é referência incontornável quando se pesquisa narrativa é o ensaísta Walter Benjamin (1892-1940). O autor abre diálogo sobre as relações entre as experiências vividas, a arte de narrar e o possível declínio da presença da narrativa, sobretudo entre as duas grandes guerras mundiais, momento em que escreve o ensaio *O narrador* (1936).

Para Benjamin (1994, p. 197) cada vez menos pessoas sabem narrar de forma eficaz, uma vez que existe um "embaraço" ao pedir que "alguém narre alguma coisa" em grupo. O autor alerta: "É como se estivéssemos privados de uma faculdade que nos parecia segura e inalienável: a faculdade de intercambiar experiências". O ensaísta afirma que como consequência as "ações da experiência estão em baixa, e tudo indica que continuarão caindo até que desapareçam como um todo".

Benjamin propõe um conceito de experiência que abarca todo o sentido do seu significado. O autor reconhece que a experiência humana no mundo moderno regido pelo capitalismo é um processo fragmentado e enfraquecido pela excessiva valorização da vivência privada do sujeito solitário. Ou seja, a monetização da força de trabalho e o apego à produção excessiva — necessários para a sobrevivência do sistema capitalista — fazem com que o ser humano moderno priorize ações individualistas marcadas pela brevidade, excluindo possibilidades de tensionamentos e a geração de múltiplos afetos e sentidos complexos que a experiência pode atravessar no sujeito. Assim, Benjamin observa que a arte de narrar depende, entre outros, da transmissão de uma experiência em seu sentido mais pleno, configurado pelos aspectos sensorial, cognitivo e emocional, e não apenas pelo relato puro e simples dos fatos em sua cronologia.

Para o autor as vivências, pela sua própria natureza, estariam esvaziadas, privadas de substância essencial (1994). Assim, ao narrar um fato como performance narrativa o narrador ou narradora deve ser visto(a) e compreendido(a) como alguém em constante busca, não somente da sua capacidade de rememorar (*Eingedenken*) um acontecimento, mas também de redimi-lo (*Erlösung*).

Assim, o conceito de experiência passa a superar o mero conceito de vivência, por trazer os componentes emocional e sensorial que relacionam o narrador ou narradora com os fatos experienciados. Para tanto ele traz o exemplo dos mais velhos — o homem ou mulher, avançados em idade, que podem narrar uma experiência, e não uma simples vivência, e o fazem quando "são capazes de contar uma história como deve ser", a partir da experiência. Portanto, vale destacar que o compartilhamento de experiências por meio da narrativa está ancorado na tradição (Benjamin, 2012, p. 85).

A vivência, por sua vez, como propõe Benjamin, possui caráter mais informativo e não estaria necessariamente ancorada na tradição; tende a reprimir a imaginação do ouvinte por fornecer todas as informações que ele julga necessárias para a compreensão dos fatos: data, local, hora, contexto social etc., tolhendo do ouvinte sua capacidade de refletir e questionar os fatos. A vivência simplesmente fornece ao ouvinte uma informação puramente detalhada, sem o objetivo de gerar algum sentido ou significado para além do fornecido naquele instante. A vivência, assim como a informação, se esvazia no momento em que se encerra, contrariamente à experiência, no sentido benjaminiano, que se perpetua de diversas formas no indivíduo e no coletivo mesmo após seu encerramento. Dessa forma, a escuta de uma vivência não se aproxima de uma experiência narrativa. Todavia, a vivência e a experiência não são coisas antagônicas entre si, mas em certo sentido complementares.

Sobre isso, Samuel Mateus (2014, p. 7) esclarece que a obra de Benjamim é multifacetada, com passagens talvez consideradas como ambivalentes; contudo, o autor sublinha a possibilidade de a vivência alimentar e desaguar na experiência. Assim, para Mateus, Benjamin ao impor uma hierarquia entre experiência e vivência parece indicar a direção onde "deve ser posta a primeira pedra do restabelecimento da experiência". Se por um lado Benjamin ressalta um empobrecimento da experiência, por outro lado não deixa de salientar uma qualidade nova da experiência: a ideia de vivência como unidade de sentido. Nesse caso a vivência seria, assim, uma qualidade experiencial fundamental. Para Benjamin a vivência completa tensiona e colabora para a experiência, pois a vivência por si só não é capaz de gerar as mesmas autoridades que a experiência. Dessa forma, a partir do tensionamento entre os vazios de atravessamentos da vivência com as potencialidades da experiência, elas passam a se complementar.

Benjamin nos convida a considerar a importância de narrar histórias para o intercâmbio de experiências que está relacionado com a capacidade de gerar afetos e significados múltiplos e o reconhecimento do nosso lugar social. Por isso, o espaço de compartilhamento de experiências me interessou para a investigação.

É possível reconhecer seu lugar social e instigar processos de tomada de consciência a partir da narrativa? Foi essa pergunta que procurei responder durante o processo.

A educadora musical Bia Bedran (2012, p. 25) descreve a narrativa como arte da convivência, um recurso indispensável para que as pessoas convivam e também para viabilizar a consciência histórica de cada um: "O conto é uma memória viva da comunidade, em que encontramos lugares diferentes de olhar e ler o mundo ao praticarmos a arte da convivência".

Bedran sinaliza que, assim como no teatro, a narrativa abre possibilidade para que as pessoas tomem consciência de quem são enquanto indivíduos e coletivo, reconhecendo assim suas identidades, o que gerou reflexões para o objetivo da oficina: o processo de tomada de consciência e empoderamento. Para Bedran (2012, p. 43), por meio da narrativa é possível que ocorra "reencontro de experiências transmitidas de indivíduo a indivíduo, de povo a povo, capaz de deixar impressos na memória das gerações elementos essenciais à vida em seus diversos momentos". Essa afirmação justificou meu interesse em utilizar o recurso narrativo como metodologia artística e pedagógica para potencializar processos de empoderamento em mulheres adolescentes.

Quando se participa de uma experiência de ouvir e narrar histórias existe um reencontro de existências múltiplas que acontece quando as memórias individuais se reencontram com as coletivas (Havelock, 1998, p. 190 *apud* Bedran, 2012, p. 43) e tanto quem conta quanto quem narra pode ser afetado de diversas formas. Bedran (2012, p. 30) completa dizendo que a narrativa é como um fio, no qual "ouvinte e narrador tecem juntos um tecido invisível, porém absolutamente sensível, capaz de despertar o humano adormecido, entorpecido pelo ritmo acelerado imposto pelos tempos de hoje". Isso quer dizer que por meio da experiência narrativa todos os participantes podem ser afetados de forma que isso desperte partes do nosso imaginário, sensitivo ou cognitivo, que muitas vezes não são provocadas pela dinâmica do dia a dia. Contexto no qual, por diversas razões, a maioria das pessoas tem preocupações materiais, e o exercício de lidar com sentimentos e percepções identitárias não faz parte dele.

A pesquisadora Lígia Matias Borges também dialoga sobre a experiência narrativa e as dimensões humanas que esse momento pode potencializar nas pessoas que se disponibilizam a participar dele. Para Borges (2010, p. 83), a narrativa tem seu potencial manifesto quando se encontra com o público, ou seja, durante sua realização. Nesse momento existe a possibilidade da criação de um universo simbólico que "perpassa por outra temporalidade que não corresponde à da veloz e entrecortada pós-modernidade"; a partir daí: "Dá-se um fenômeno no qual o tempo da narração se sobrepõe ao tempo real e o jogo coletivo promove a reflexão conjunta sobre determinado conteúdo".

A autora analisa que a narrativa tem a importância de redimensionar a própria humanidade. Borges exemplifica isso afirmando que a "força da narração" está no "olho no olho". Essa experiência leva narrador e ouvinte à "construção coletiva de imagens" e, por consequência, "todos esses fatores que vêm ao encontro da busca pela sensação de pertencimento em meio às vivências massificadoras ou isoladoras no cotidiano dos indivíduos" (2010, p. 81).

Para mim, essa é uma das maiores belezas da experiência narrativa, desse momento em que narradora e ouvinte se dispõem a construir imagens coletivamente e encontrar-se por meio da palavra narrada. Por isso é que, por meio dessas experiências, as pessoas podem alavancar processos de tomada de consciência de seus lugares sociais e de suas identidades, para a partir de então se reconhecerem enquanto grupo, e não só como um indivíduo isolado.

Por esses motivos, na oficina que realizei com estudantes do Centro de Ensino Médio Integrado Gama (CEMI-Gama), utilizei a narrativa como uma metodologia, com o objetivo de que as participantes reconhecessem suas histórias e compartilhassem suas experiências com o público. Durante o processo, busquei propor reflexões críticas sobre a condição de ser mulher, e sobre o lugar social a que pertencemos a partir da experimentação das narrativas das alunas sobre elas mesmas, suas famílias e mulheres que tiveram relevância para a construção da sociedade. Assim, a intenção era que, com essa experiência, as participantes desejassem compartilhar com outras pessoas as suas histórias entrelaçadas às histórias daquelas mulheres, percebendo semelhanças e conexões entre as narrativas. Entendendo, é claro, que algumas questões de nossas narrativas são subjetivas e particulares, outras fazem parte dos lugares sociais a que pertencemos.

Borges traz à tona uma questão fundamental para o ofício de narrar histórias que é a essência da narrativa. Para a autora, é fundamental que haja escuta no processo estético com a palavra. Isso permite o exercício de não apenas gritar nossas dores, mas ouvir e poder ser empático com o sofrimento alheio, ou mesmo comemorar suas alegrias. E aí ocorre o compartilhamento, que segundo Benjamin se vincula "à valorização da transmissão da experiência, da memória e do compartilhamento de conhecimentos e vivências" (Borges, 2010, p. 80).

Quando o assunto são histórias, temos muito o que narrar, principalmente se for a nossa história. Mas para que isso ocorra é preciso ter consciência de seu lugar social; por isso a narrativa foi escolhida como metodologia para a realização da oficina. A partir do intercâmbio de experiências foi possível criar um espaço de reencontro de memórias do individual ao coletivo.

V

TEATRO E O DESEJO

Figura 5 – Apresentação da performance A Mulher do Fim do Mundo (2018)

Fonte: arquivo pessoal

Por que o teatro? Como é possível fomentar possibilidades de transformação a partir do teatro?

Segundo César Lignelli e Sulian Vieira (2008), o sentido grego da palavra "teatro" nos indica que é "lugar de onde se vai para ver" e também pode nos conectar com o gênero literário, denominado dramático. Além disso, também é utilizada em outros contextos para mencionar que pessoas estão omitindo informações ou mesmo criando fatos que não condizem com a verdade. Portanto, em comum nos exemplos temos a ficcionalidade.

Apesar disso, com o passar dos anos o teatro continua se reinventando a partir dos avanços da sociedade ou na contramão dela. Um exemplo disso são as teorias da performance, que "evidenciam o potencial teatral da própria sociedade" (Lignelli; Vieira, 2008, p. 20). Essas teorias apontam que é possível considerar o comportamento social como performance, levando em consideração que relações sociais diversas exigem diferentes papéis (Lignelli; Vieira, 2008, p. 20 *apud* Carlson, 1996, p. 34).

Isso passa a mudar a perspectiva de realidade, concedendo a ela certo grau de ficcionalidade que a aproxima do teatro, que por sua vez também possui o próprio grau ficcional.

Augusto Boal (1931-2009) é um dos teatrólogos mais importantes do Brasil e desenvolveu uma metodologia teatral reconhecida mundialmente chamada de *Teatro do Oprimido*. A autora Carolina de Souza Castro (2021, p. 21) é pesquisadora sobre o método e, em sua dissertação de mestrado, descreve o *Teatro do Oprimido* como "um método teatral que se propõe à transformação social a partir do fazer teatral de oprimidos, sobre os oprimidos para os oprimidos".

A metodologia de Boal dispõe de diversas ferramentas, que não iremos aprofundar neste livro. O fundamental para a oficina "Narrar para Empoderar" foi o fato de que o trabalho sistematizado pelo autor poderia contribuir para potencializar processos de (re) conhecimento de lugar social. Em seu livro *O arco-íris do desejo* (1996), Boal nos apresenta a ideia de que no teatro o ser humano tem a possibilidade de "observar-se a si mesmo: ver-se em ação. Descobre que pode ver-se no ato de ver — ver-se em situação" (1996, p. 27). A partir desse escrito, é possível refletir sobre as vezes em que fomos ao teatro e, ao assistir determinada cena, nos sentimos incomodados, emocionados ou tensionados com a situação diante dos nossos olhos, "descobrindo o que é, o que não é, imaginando o que pode vir a ser" (1996, p. 27).

PALAVRA MULHER: PRÁTICAS TEATRAIS E NARRATIVAS DE LIBERDADE

O que Boal nos revela não é apenas sobre ver-se a partir de uma ótica passiva que não nos permite movimento. "Percebe onde está, descobre onde não está e imagina onde pode ir" (1996, p. 27). Ao encerrar, Boal nos apresenta uma tríade fundamental para meu processo de empoderamento: teatral "EU observador, EU em situação, e o Não-EU, isto é, o OUTRO" (1996, p. 27).

Tanto na oficina quanto na apresentação da performance pelas participantes, foi utilizado o conceito da tríade de Boal para abrir possibilidades de reflexões e mudanças.

- *Desejo*: a psicanalista e crítica de arte e cultura Sueli Rolnik considera o desejo como "produção de universos psicossociais", "criação de mundo", "movimento de afetos e de simulação desses afetos em certas máscaras, movimento gerado no encontro dos corpos" (Rolnik, 2007, p. 36). Portanto, nesta pesquisa consideramos o desejo importante no sentido de percebê-lo como chave ou elemento de potência para que as participantes (e o público quando ouvir as narrativas) consigam criar novas realidades, mundos e significados a partir da experiência proporcionada pelo ato de ouvir e contar histórias.

Associamos essas definições de desejo à noção de voz como "uma produção corporal capaz de produzir sentidos complexos, controláveis na cena" (Davini, 2002, p. 60), que propõe pensar a voz em cena para além da visão hegemônica da voz como um instrumento. A noção de voz como instrumento implica certa cisão entre quem performa e a sua voz, assumida como algo a ser utilizado pelo sujeito da performance. Assim, a voz assumiria uma função, na maioria das vezes, com ênfase em comunicar algo. Contudo, deparamos com as limitações de tal noção quando situamos a existência da voz no próprio corpo humano e reconhecemos que a voz não se comporta como uma função do corpo, mas como uma conduta corporal e, como tal, ela assume uma multiplicidade de possibilidades que vão além da função de comunicar.

Nesse sentido, durante a oficina um dos objetivos também foi trabalhar a voz e a palavra como produções corporais e o desejo de dizer, falar ou vocalizar, buscando ampliar possibilidades de afetos entre diferentes corpos, a partir de narrativas, tendo como inspiração biografias de diversas mulheres.

VI

EU NÃO ESQUEÇO QUEM ME INSPIROU

[...] todas as nossas ancestrais, que desde a África vinham arando a terra da vida com as suas próprias mãos, palavras e sangue. Não, eu não esqueço essas Senhoras, nossas Yabás, donas de tantas sabedorias.
(Evaristo, 2017, p. 18)

Essa epígrafe faz parte de um conto de Conceição Evaristo chamado "Olhos d'água", no qual a personagem (que propositalmente não tem nome) começa a narrativa se perguntando sobre qual a cor dos olhos de sua mãe. E ela fica assustada, pois se lembra de várias partes de sua infância, menos da cor dos olhos de sua mãe. Nesse trecho, ela saúda toda a sua família e ancestralidade ao reconhecer seu valor, mas ainda não consegue entender como esqueceu a cor dos olhos de sua mãe. Bom, não vou dizer o final conto, mas fica aqui o meu convite para que você leia essa obra.

Esse conto me foi apresentado por minha mãe, que sempre relembra que outras pessoas vieram antes, abriram o caminho e precisamos honrá-las ao seguir a nossa trilha. É quase uma espécie de reza ou oração que ela faz ao repetir para mim que temos o sangue dessas mulheres e por isso conseguiremos alcançar nossos objetivos, ou pelo menos vamos tentar conseguir.

Eu escolhi esse trecho para abrir este capítulo porque, assim como na vida, na pesquisa é preciso dar crédito às pessoas que inspiraram nossos trabalhos. Aqueles e aquelas que "araram o caminho" para que outros pudessem passar. E, por falar em inspiração, o projeto *Mulheres Inspiradoras* foi um dos trabalhos que me inquietou e instigou para a realização da oficina "Narrar para Empoderar".

Mulheres Inspiradoras

Em 2017, conheci o projeto chamado *Mulheres Inspiradoras*, que foi criado em 2014 pela professora Gina Vieira Ponte de Albuquerque com o objetivo de estimular a leitura, a escrita autoral e o protagonismo juvenil por meio de práticas que possibilitem a educação em e para os Direitos Humanos. Premiada nacional e internacionalmente, *Mulheres Inspiradoras* tornou-se política pública em Brasília a partir da Portaria 256, de 2021. O programa implementou projetos de leitura e escrita protagonizados por escritoras e personagens femininas históricas, contemplando as diversidades narrativas de mulheres negras, indígenas e periféricas, entre outras. Nesse sentido, o programa criado por Albuquerque foi uma inspiração para a realização da oficina.

O *Mulheres Inspiradoras* surgiu a partir da inquietação de Albuquerque. Ao perceber a dificuldade de interação entre docentes e alunos, usou como alternativa as novas tecnologias. Criou uma conta em uma rede social, para tentar uma aproximação com os alunos; ao fazer isso a professora (Albuquerque, 2017, p. 1) percebeu que, em sala de aula, estava lidando com uma "geração de nativos digitais — pessoas que já nasceram no mundo tecnológico". Por esse motivo, ela passou a "utilizar a tecnologia para dialogar".

Em 2017, Albuquerque concedeu uma entrevista a Vinicius Brandão e Mariana Nery, da Agência Brasília, falando sobre a importância da atualização do educador, no sentido de sempre estar atento ao modo como os alunos estão se relacionando enquanto coletivo. A educadora alertou que as novas tecnologias e as mídias digitais são um exemplo de como a comunicação tem mudado nas últimas décadas. A vida virtual tornou-se uma parte importante da vida dos jovens, adolescentes e da sociedade em si. Albuquerque percebeu que os conflitos criados na internet se materializam na vida social dos alunos, atrapalhando seu desenvolvimento educacional: a sexualização da mulher nas redes sociais a inquietou. Um dos conflitos que mais a impressionou foi a forma objetificada com que os meninos tratavam as meninas, e como as próprias garotas se tratavam.

Albuquerque então se aproximou dos alunos pensando em como seria possível utilizar a força do lugar social de toda a comunidade escolar para mudar essa situação. Ou seja, realizar novas estratégias educacionais para potencializar processos de tomada de consciência, a qual Paulo Freire destacava como fundamental para o empoderamento. Assim, surgiu o *Mulheres Inspiradoras*, trabalho desenvolvido por meio do recurso narrativo escrito. Os alunos liam biografias de mulheres que tinham uma história de superação ou liderança. Tal lista de biografias foi elaborada pela professora Gina e abrangeu mulheres *de lugares sociais diferentes*: referência na academia, com baixa escolaridade, negras, brancas, jovens, idosas, vivas e outras que já faleceram. Reconheço que uma lista de mulheres diversificada em seus lugares sociais traz inúmeras potencialidades no processo freiriano de tomada de consciência dos alunos. Primeiramente, permite que se refute o conceito de uma mulher universal, trazendo à tona várias interseccionalidades. Além de proporcionar uma reflexão sobre como enfrentar e superar as desigualdades impostas pela sociedade.

A partir de referenciais históricos, a professora buscou problematizar a forma como as mulheres são vistas na sociedade. Em entrevista ao REP — Repercutindo ideias da TV Globo, a educadora conta qual o principal objetivo do projeto: "Porque eu queria dizer para as minhas alunas que, quem quer que elas sejam, onde quer que elas estejam, elas podem construir uma história da qual se orgulhem" (2017). A partir de um acordo de cooperação internacional, o que era um projeto se tornou um programa de governo. O modelo e metodologia criados pela professora Albuquerque foram implementados em 17 escolas do Distrito Federal em 2017. O processo foi realizado por meio de um edital público. Uma das instituições selecionadas foi o Centro de Ensino Fundamental 01 do Gama, escola na qual minha mãe, Sônia Tavares de Medeiros, era orientadora educacional e participou da implementação do programa.

Entrei em contato com esse projeto por meio da minha mãe, que era capacitada para atuar nele. Ao ler o material consegui compreender melhor a metodologia na qual, por meio do estudo da biografia de mulheres com histórias de superação, os alunos eram estimulados a reconhecer as mulheres inspiradoras de sua comunidade. Pude perceber então alguns pontos de convergência com a oficina que eu realizaria. Como, por exemplo, o emprego das biografias de mulheres reconhecidas por suas histórias de liderança como força motivadora para as adolescentes.

Conhecer o programa *Mulheres Inspiradoras* foi algo muito importante para a realização da oficina, pois pude perceber na prática como o recurso narrativo é potente, mesmo que no caso do programa seja usado, em grande parte, na forma escrita, e não como recurso performático. Me senti mais segura para o trabalho que pretendia desenvolver com as adolescentes.

VII

A CRIAÇÃO

A oficina foi realizada no ano de 2018, com a participação de seis alunas do segundo ano do Ensino Médio do CEMI-Gama, que tinham em média 16 anos de idade à época, em 8 encontros de 50' de duração cada, das 13h às 13h50, tal horário era destinado para descanso e almoço das alunas pela escola.

Inicialmente, a proposta era que a oficina fosse realizada em alguma escola pública situada em uma Região Administrativa do Distrito Federal, com características periféricas. E por que trabalhar com escolas dessa realidade social?

A pesquisadora Amanda Prado de Oliveira (2013, p. 24) entende que a noção de periferia vai além de seu caráter geográfico, de distância dos centros metropolitanos. O conceito é apresentado também como lugar social de determinados grupos que são colocados à margem do sistema por sua condição de raça e classe, primordialmente. Sendo assim, à época considerei que em cidades periféricas poderia estar o maior número de intersecções dos marcadores sociais de raça e gênero, propiciando a oportunidade de discutir empoderamento de formas diversas.

Inicialmente, procurei algumas escolas nas Regiões Administrativas do Gama e de Riacho Fundo II. Escolas que ficavam perto de onde eu ou familiares moravam, pois como o projeto não tinha nenhum tipo de auxílio financeiro governamental, privado ou filantrópico e eu não possuía uma renda fixa era necessário buscar alternativas viáveis para a minha realidade à época. Por essas e outras razões, a alternativa mais propícia que encontrei foi o Centro de Ensino Médio Integrado à Educação Profissional (CEMI), na Região Administrativa do DF Gama.

O CEMI era a escola na qual cursei o ensino médio. Tal instituição é pública e reconhecida por sua alta qualidade de ensino. A escola oferece ensino médio e o curso técnico em Informática simultaneamente; e os estudantes ficam no estabelecimento em tempo integral nos dois primeiros anos escolares, das 7h30 às 17h45. Lá assistem a dez aulas por dia e fazem todas as refeições. O CEMI também possui um programa pedagógico amplo que abarca projetos de empresas juniores, iniciação científica, sarau cultural e saídas de campo. Na época em que realizei a oficina, os alunos podiam ingressar nessa escola apenas no primeiro ano, por meio de concurso público. Atualmente o processo seletivo ocorre mediante sorteio.

Por ter concluído o ensino médio nessa instituição, eu tinha uma boa relação com o corpo docente da escola e boa parte da direção. Em reunião com a Orientação e Coordenação Pedagógica e Direção da escola, expliquei a proposta do projeto e convidei a escola à parceria. A proposta foi recebida de forma afirmativa e disponibilizaram para as oficinas os laboratórios de informática, que durante o horário de almoço não eram utilizados e cuja organização espacial facilitava o trabalho cênico, já que os computadores ficavam encostados na parede e o centro da sala vazio. Uma excelente alternativa para a oficina.

Com a Orientação e Coordenação Pedagógica pensamos na estratégia mais eficaz de realização da oficina na escola e de datas para possíveis apresentações na escola, levando em consideração o calendário escolar. Me apresentaram inclusive as participantes da oficina, sugerindo que fosse realizada com cinco alunas do 2.º ano do ensino médio, com a justificativa de que elas faziam parte de um projeto na escola que discutia questões de gênero e sexualidade, portanto, poderiam estar interessadas em participar do processo.

O primeiro contato com as estudantes foi muito agradável. A orientadora, Elia Oliveira, solicitou que as alunas fossem à sua sala. Ao chegarem no local, apresentei a proposta da oficina, narrando brevemente minha trajetória de vida. Ao apresentar aspectos que por muito tempo haviam me silenciado enquanto mulher, contei um pouco sobre meu processo de empoderamento e disse que, por isso, eu achava necessário fazer aquele trabalho com adolescentes.

Ressaltei que o objetivo daquele trabalho prático era que nós analisássemos nossas histórias pessoais, as histórias das mulheres que nos cercavam, e depois as histórias de outras mulheres, que podemos chamar de "inspiradoras". Após esse estudo faríamos duas apresentações: uma na escola em que elas estudavam e outra na mostra semestral do departamento de Artes Cênicas da Universidade de Brasília, Cometa Cenas.

Todas concordaram com a proposta e, finalmente, marcamos os dias e horários em que a oficina ocorreria: às terças e quintas das 13h às 13h50, durante o horário de descanso que as alunas tinham, após o almoço. A oficina seria então realizada com seis alunas em nosso primeiro encontro.

Como dito, a oficina seria realizada num total de oito encontros com 50' de duração cada, com seis alunas do 2.º ano do ensino médio. Então, o desafio era elaborar um material pedagógico que dialogasse com esse público nesse relativamente curto intervalo de tempo.

Portanto, a oficina foi dividida em quatro partes:

1. Abordagem crítica (dois encontros).

2. Levantamento de biografias (três encontros).

3. Construção da narrativa (dois encontros).

4. Apresentação para o público (um encontro).

1. Abordagem crítica

Os primeiros encontros foram destinados ao nosso reconhecimento enquanto grupo. Essa fase inicial ganhou esse nome porque tinha como objetivo dedicarmos um tempo para refletir sobre nossas existências e lugares sociais que ocupávamos. Durante esse processo foram utilizados jogos teatrais, que serão descritos em seguida, que estimulassem as participantes a narrar (suas) histórias.

Buscando uma experiência proveitosa para todas, foi necessário propiciar um ambiente em que as alunas se sentissem seguras para falar sobre suas opressões e seus possíveis privilégios. Portanto, inicialmente eu fiz questão de contar detalhadamente a minha trajetória. Ou seja, o que tinha acontecido em minha vida para que eu decidisse estudar sobre empoderamento feminino a partir do teatro e da narrativa. Sublinhei que o motivo de estar ali fazendo aquele projeto era para que refletíssemos juntas sobre o que era necessário fazer para ir além dos fatores sociais e econômicos que nos condicionavam e subordinavam.

> Na fase Abordagem Crítica, era importante que as participantes ouvissem a si mesmas e às outras, para que juntas encontrássemos pontos em comum em nossas trajetórias e nos (re)conhecêssemos enquanto grupo.

Durante esse primeiro momento, havia um receio de minha parte, de que essa etapa fosse para um lado mais íntimo, e as participantes passassem a enxergar a oficina como algo relacionado a terapia de grupo. Isso não seria produtivo para a pesquisa, tendo em vista que, como já dito anteriormente, a oficina tinha como objetivo trabalhar com a dimensão cognitiva do empoderamento, e não com a dimensão psicológica. Por essa razão, os debates, questionamentos, proposições e a narração das histórias eram sempre realizados no campo da linguagem teatral, justamente para não desviar o foco da pesquisa.

Por meio dos jogos teatrais, eram apresentados temas que poderiam ampliar a nossa capacidade de análise crítica de algumas questões relacionadas às desigualdades. Como, por exemplo, provocações realizadas para que as participantes pudessem dizer o que elas entendiam como "ser mulher" e sobre as opressões e possíveis privilégios que cercavam pessoas desse gênero. Bem como a forma como elas se enxergavam enquanto indivíduos na sociedade e seus lugares sociais, a partir das narrativas que traziam de suas mães, tias e mulheres que as cercavam.

Dia 1 – Para o primeiro encontro planejei uma sequência didática considerando o cenário de aula ideal, sem pensar os imprevistos que poderiam ocorrer durante o processo:

1. *Conversa inicial*: uma breve apresentação minha, do projeto e das participantes. Considerei que naquele momento seria importante que cada uma delas falasse sobre aspectos gerais de sua vida, como idade, onde e com quem moram. E eu faria perguntas motivadoras sobre aspectos mais cotidianos para que não houvesse uma atmosfera muito formal e vertical. Então, perguntaria sobre suas séries favoritas ou qual matéria na escola era mais chata, por exemplo.

2. *Pique-pega com cadeiras (bobinho)*: todas as participantes jogam.

   a. São dispostas na sala seis cadeiras (o mesmo número de participantes) viradas para o mesmo lado em duas filas paralelas.

   b. Cinco participantes escolhem uma cadeira para sentar-se e uma das participantes fica distante da cadeira que restou vazia.

   c. As participantes que estão sentadas precisam levantar, correr e se sentar em outra cadeira para que a participante de pé não sente na cadeira vazia.

   d. Já a participante que ficou em pé tem o desafio de tentar sentar-se em uma das cadeiras, entretanto não pode correr. Precisa andar e em um ritmo constante. Caso a participante que esteja em pé consiga sentar-se na cadeira, a adolescente que sobrou em pé continua o desafio e o jogo segue por 10 minutos.

   ATENÇÃO: alertar as participantes a tentar jogar utilizando o mínimo possível de falas.

   É um jogo sempre dinâmico que trabalha concentração, trabalho em grupo, mobilidade e outros. Se eu considerasse producente poderia participar do jogo também.

3. *Pergunta sem fio*: todas as participantes jogam. Sentadas no chão dispostas em roda. Uma variação da brincadeira "telefone sem fio".

a. Eu começo o jogo, cochichando uma pergunta para a participante que estiver ao meu lado: "O que é ser mulher?".

b. Esta deve cochichar para a participante ao seu lado a resposta para a pergunta. A partir daí todas as outras vão repassar apenas a resposta.

c. Assim que todas tiverem ouvido a frase, verificamos se a resposta que chegou para a última participante é a mesma que foi repassada; provoco-as a descobrir qual a pergunta foi realizada para obter aquela resposta e em seguida conversamos sobre a pergunta.

4. *Histórias cruzadas*: todas as participantes jogam. Dividido em três fases.

a. Em duplas, cada participante deve contar a história de sua vida para a sua parceira.

b. Após esse momento, juntas cada dupla deve tentar achar pontos em comum nas histórias contadas. Ou seja, o que elas têm de parecido em suas vivências. Podem ser coisas boas ou ruins.

c. Por fim, a partir do que cada dupla tem em comum vamos nos sentar em roda e tentar narrar uma história coletiva.

5. *Tarefa de casa!* Sugerir que cada participante peça que as mães, tias e/ou avós narrem partes de suas histórias de vida que considerem importantes. Pedir que elas anotem e levem na aula seguinte.

Essa foi a sequência planejada para o primeiro dia. Entretanto, eu, na minha, quem sabe, inocência ou inexperiência, acabei por não esperar que imprevistos poderiam acontecer, e aconteceram. A realidade do primeiro dia de oficina foi bem diferente do que eu havia planejado. Não avalio que tenha sido ruim, apenas diferente.

Todos os dias ao final da oficina eu escrevia um diário de bordo, que é um material onde eu, além de descrever as atividades realizadas, também colocava minhas impressões e análises sobre como tinha sido cada aula.

> Uma das coisas que quero destacar nesta obra é a experiência docente de forma realista. Em geral, as aulas não são exatamente como planejamos, e nós, facilitadores, trabalhamos diariamente com tentativa e erro na busca pela aprimoração. Nesse espaço de diário de bordo narro essa experiência de forma que estudantes de licenciatura possam refletir sobre as complexidades que vão encontrar e para que professores possam, quem sabe, se encontrar nos desafios compartilhados, para que possamos abrir espaços para reflexões e diálogos sobre nossa prática artístico-educacional.

Primeiro de tudo, assim que mostrei o planejamento para minha orientadora, Sulian Vieira, ela propôs que eu trocasse o *Pique-pega com cadeiras* por outro jogo, pois se eu realizasse essa atividade logo no início da oficina estaria sugerindo ao grupo que em seguida faríamos atividades com mais movimentações, o que não era o caso. Acolhi a sugestão de Vieira e decidi ir direto ao jogo *Pergunta sem fio*.

Logo no primeiro dia tive um imprevisto. No dia anterior, mandei mensagem, via rede social, às participantes para confirmar participação na oficina e todas me responderam de forma positiva. Mesmo assim, elas não estavam no local e horário combinado para o início da atividade. De forma rápida, saí pela escola procurando as alunas e pude enfim começar o projeto com mais de 30 minutos de atraso.

Após esse início um pouco mais agitado, propus que nos sentássemos em roda e comecei a falar um pouco sobre mim. Contei que havia estudado naquela escola e minha trajetória até chegar àquele momento da oficina. Procurei ser franca e usar um vocabulário que me aproximasse das participantes. Logo em seguida elas falaram sobre si, como proposto no planejamento.

Com o tempo curto, somente um dos jogos poderia ser realizado naquela aula. Eu optei pelo *Pergunta sem fio*, porque a partir daquele exercício eu poderia ter uma visão um pouco mais abrangente e direta sobre as concepções que elas tinham sobre gênero, classe e raça e como elas percebiam essas questões atravessando suas existências.

No jogo *Pergunta sem fio*, optei por realizar três perguntas que, de forma geral, julguei que poderiam render um bom diálogo:

- O que é ser uma mulher?
- Qual o lugar da mulher?
- O que uma mulher não pode ser?

As respostas sobre o que é ser mulher e qual o lugar da mulher foram todas positivas. No momento, me pareceu que elas tinham consciência nítida das dificuldades que as mulheres passavam diariamente por diversas questões, mas nenhuma delas considerava que ser mulher era algo negativo, danoso ou depreciativo. Elas fizeram questão de trazer posicionamentos que garantissem dignidade à mulher.

As respostas foram:

"Ser mulher é ser forte."

Apesar de na atualidade esse conceito da mulher forte estar sendo problematizado, pois muitas vezes ele é só uma máscara para a sobrecarga feminina, à época ele foi utilizado pelas alunas como sinônimo de potência e de contraposição ao discurso patriarcal de que, naturalmente, as mulheres seriam inferiores aos homens.

"Ser mulher é fortaleza."

A partir dessa frase pude avaliar que a participante tinha o entendimento de que cada mulher é profunda, subjetiva e complexa. De forma não romantizada, me pareceu que ela não olha o gênero feminino a partir da lógica patriarcal, mas sim a partir do que cada uma de nós é e pode vir a ser.

"Ser mulher é ser indispensável e única."

Esses dois adjetivos me chamaram atenção. Porque ao ouvir imaginei que as participantes teriam o entendimento de mulher a partir de sua individualidade e funcionalidade nos papéis sociais desempenhados na sociedade.

Ao final do jogo, discutimos sobre as respostas e uma das participantes afirmou que "nem todas as mulheres são fortes"; outra participante complementou, afirmando que "realmente, mas nem por isso ela deixa de ser mulher". Eu as provoquei perguntando o que significava a palavra "força" para elas. Ao responder, as participantes explicaram que para elas, "mesmo quando uma mulher era considerada fraca, ela estava sendo forte", "mesmo na 'derrota' uma mulher é forte"; elas afirmaram que força seria uma espécie de característica inerente à mulher. A aluna que questionou não aceitou muito bem o argumento, mas respeitou a visão das colegas, que em geral concordaram com essa visão de força.

Minha postura diante desse debate sobre força feminina me inquietou muito após o encerramento do primeiro dia. Encerrei o assunto afirmando que, mesmo diante de perdas, as mulheres são fortes. Ou seja, coloquei um ponto final na discussão e, tardiamente, me dei conta de que a participante que havia questionado o conceito de força não se sentiu muito à vontade com a negativa que dei sobre sua resposta. Avalio que minha atitude naquele momento foi apressada. Era meu primeiro dia como oficineira, eu estava ansiosa e por impulso agi como se a resposta fosse mais importante do que os questionamentos e debates gerados naquele momento. Minha inexperiência me fez pensar que eu não poderia aprender com elas, apenas elas comigo.

Hoje, de forma mais madura, considero que aquela atitude demonstra arrogância e insegurança. Tive medo de pensar que elas poderiam saber mais do que eu sobre o assunto e de forma passivo--autoritária encerrei o assunto, para tentar mostrar uma superioridade que julgava que deveria existir entre educadores e alunas. O que percebo hoje é que, possivelmente, se eu tivesse levantado mais questionamentos ao invés de concluí-los, teria sido mais proveitoso para o grupo. Se isso tivesse sido feito, talvez todas nós tivéssemos refletido de forma mais acolhedora sobre a condição de força da mulher e nenhuma das participantes teria se sentido isolada, como foi o caso. Entretanto, entendo que aquele também era um espaço de aprendizagem para mim; esses pontos foram aprimorados em outras oportunidades.

- Qual o lugar da mulher na sociedade?

Ao ser provocada a responder qual o lugar da mulher na sociedade durante o jogo *Pergunta sem fio*, a participante respondeu que: "uma mulher pode estar em qualquer lugar".

Ao final do jogo motivei a participante a desenvolver sua linha de raciocínio sobre qual o lugar da mulher. A participante em questão respondeu que era onde a mulher quisesse estar. Naquele momento tive vontade de aprofundar a discussão sobre esse desejo ou "querer" ao qual a participante se referia. Por exemplo, em razão da estrutura patriarcal nossos desejos estão subordinados à opressão, devemos aceitar isso ou motivar mulheres a sair desse lugar?

Entretanto, a participante destacada foi a mesma que já havia questionado sobre força da mulher e quando pela segunda vez tentei aprofundar uma resposta sua percebi a participante com uma postura defensiva. Por isso, achei prudente não aprofundar a discussão e validar o posicionamento da participante.

- O que uma mulher não pode ser?

Com relação à última pergunta: o que uma mulher não pode ser?, a resposta foi: "Julgada pelo que é".

Quando conversamos sobre essa resposta no final do jogo percebi que as participantes possuíam um repertório abrangente sobre as relações de gênero. Confesso que nessa última pergunta imaginei que elas responderiam algo que a mulher não deveria fazer, mas me surpreenderam. As participantes entenderam a pergunta de forma que mostrasse como uma mulher não pode ser tratada. Elas interpretaram a pergunta a partir do ponto de vista feminista delas sobre o que é ser mulher. Eu não tinha uma aproximação com adolescentes em geral naquela época. Por isso, me surpreendeu o pensamento, que julguei avançado para a idade delas, considerando as minhas experiências quando tive a mesma idade.

Apesar de curto, o primeiro encontro foi muito proveitoso. Todas as participantes pareciam ter gostado do encontro e se sentiram à vontade para falar de suas vidas e estavam disponíveis para o trabalho. Elas saíram contentes da sala. Todas as participantes se declararam feministas.

Concluindo a primeira fase da oficina, percebi logo no início que eu deveria reformular os planejamentos de aula. A quantidade de jogos que havia pensado inicialmente não era compatível com o tempo real que eu teria com as participantes, pois percebi que, apesar de interessadas, provavelmente elas chegariam sempre com certo atraso em relação ao horário agendado. O tempo destinado para o nosso trabalho era o único horário que elas tinham livre, para realizar atividades extraclasse, ou resolver outras questões pessoais. Portanto, após o primeiro dia, refiz os planejamentos seguintes, quando optei por realizar somente um jogo por encontro, visando a um melhor aproveitamento do tempo da oficina.

Dia 2 – Para o segundo encontro atentei a planejar uma sequência didática com o objetivo de ter mais qualidade nos jogos e menos quantidade, em função dos motivos expostos anteriormente.

1. ***Era uma vez a minha mãe***: esse exercício é a continuação do exercício passado para casa, no qual as alunas perguntaram para suas mães, tias e/ou avós suas histórias de vida. Durante a oficina, elas seriam divididas em duplas, contariam as histórias uma para a outra, conversariam sobre os possíveis pontos em comum e em seguida dividiriam isso com a turma.

> A partir do segundo encontro percebi que era realmente necessário que em todas as aulas fosse proposta uma atividade para casa, visando a que as participantes não se distanciassem tanto da experiência. A tarefa para casa seria propor que cada uma preparasse uma apresentação autobiográfica, contando um pouco sobre suas experiências de vida até aquele momento.

E, mais uma vez, a realidade se mostrou distante do planejamento que eu havia feito. Naquele dia, novamente demoramos para nos encontrar, algumas alunas não puderam ficar o tempo todo na oficina, outras chegaram muito atrasadas. Não era por falta de interesse em participar do processo, apenas por outras demandas escolares anteriores que elas deviam finalizar.

Percebi que um dos maiores desafios desse projeto era o tempo. Apesar das meninas estarem animadas com as propostas, elas tinham outras atividades no horário do almoço e sempre chegavam atrasadas na oficina. Em razão disso, acabei adaptando um pouco a aula e propondo outras atividades para a realização da oficina diante do que tínhamos ali.

Começamos um pouco mais cedo que o encontro anterior, mas com poucas participantes, e ainda uma delas tinha que sair diversas vezes da sala. Assim, o exercício em duplas acabou ficando muito fragmentado, mas não foi tão prejudicial para o resultado.

Das seis participantes: uma faltou, uma dupla conseguiu realizar o jogo completo, outra dupla realizou pela metade porque uma das participantes teve que sair e outra dupla chegou na metade do jogo.

Quase uma hora depois do início da oficina e faltando 30 minutos para que elas fossem para a aula, todas as meninas estavam na sala, e não dava tempo de recomeçar o exercício. Por isso, optei por começar a atividade que passaria para casa para elas, perguntando "quem é você?", na esperança de que elas me contassem suas histórias. Percebi que a pergunta ficou muito vaga e confusa, não deu certo, a maioria ficou desconfortável em responder. Porém, as respostas foram relevantes para o processo.

Uma das participantes disse que sabe que não gostava que os outros vissem suas fraquezas, pois ela julgava que isso a enfraquecia. E que também não gostava de lembrar nem falar das coisas e situações difíceis que passou em sua vida. Inclusive se sentia subestimada, pois a maioria dos professores com quem ela estudou no ensino fundamental 2 não acreditavam quando ela falava que estudava no CEMI, já que, para estudar naquela escola, à época, era necessário fazer uma prova de seleção.

Outra participante falou que teve que ser adulta muito cedo, e que naquele momento, saindo da adolescência, sentia vontade de ser criança novamente. Afirmou que sabia que poderia ser mais do que é, mas não sabia como usar todo seu potencial.

Outra participante me questionou sobre a pergunta. Perguntou se na idade delas eu saberia responder. Confesso que não me lembro ao certo como respondi. Mas seu questionamento me mobilizou a pensar outras estratégias didáticas para alcançar meus objetivos. Além do mais, me mostrou que elas se sentiam confortáveis para realizar questionamentos sobre aquele processo. E eu achei isso extremamente rico para todas nós.

2. Levantamento de biografias

Essa é a fase onde, em grupo, começamos a estudar sobre biografias de mulheres que tiveram algum tipo de relevância nacional ou internacional e sobre histórias de vida das participantes e seus familiares. A partir desse compartilhamento é que o processo estético será realizado.

Durante essa etapa optei por jogos teatrais em que as participantes pudessem ouvir e falar relatos de suas vidas que se sentissem à vontade para compartilhar em grupo. Em seguida, conhecemos biografias de outras mulheres que contribuíram para a construção da sociedade de uma forma significativa ou que tiveram um reconhecimento por sua história de superação.

O objetivo era entender um pouco sobre quais eram as suas perspectivas sobre outras mulheres, tanto de suas famílias quanto mulheres que costumamos achar que são referências em suas profissões ou da vida como um todo. Em resumo, eu queria entender um pouco quais eram suas referências femininas.

*Dia 3 – **Conhecendo quem você conhece***: em roda, cada uma das participantes diria o nome de uma mulher de relevância nacional ou internacional que elas admiravam e o motivo da admiração. O objetivo era continuar conhecendo as referências femininas das participantes a partir da fala e observar como elas se sentiam falando em público, mesmo que entre um número pequeno de pessoas.

"Qual mulher você admira e por quê?", perguntei. De pronto, todas responderam, suas mães ou avós. Apesar de eu não ter percebido na hora, a resposta quase uníssona já me respondia muita coisa.

As participantes conseguiam reconhecer suas "mais velhas" como principais referências, mesmo que para a sociedade elas não fossem reconhecidas dessa forma. O contato íntimo, o carinho, o caráter ou outras questões que só elas sabiam era muito mais relevante do que alguma mulher pioneira com que elas nunca tiveram contato.

A partir da resposta reformulei a pergunta para continuar com o objetivo do jogo: "Me fale o nome de alguma mulher que tenha realizado um feito ou marco em sua história, tendo deixado um legado para a gente". Pronto, agora sim eu tinha alcançado o objetivo alcançando respostas diversas como: Santa Rita de Cássia, Madre Teresa de Calcutá, Maria Bonita, Maria da Penha e Rainha Elizabeth. Cada participante disse também o motivo da escolha desses nomes, e as justificativas estavam relacionadas às suas representatividades na sociedade. Seja por exercer um papel destinado aos homens, como a Maria Bonita; ou pela sua incrível luta por sobrevivência, como a Maria da Penha.

Algumas argumentações suscitaram questionamentos validos não só para a oficina, mas para a pesquisa como um todo. Uma das participantes ressaltou que escolheu a Madre Teresa de Calcutá, pois "as pessoas a canonizaram dizendo que ela era santa, mas na verdade a única coisa que a madre fez foi lutar por seus direitos". A resposta da participante me atravessou, pois ela viu humanidade na santa que lutou pelo fim das desigualdades.

Já outra participante contou que escolheu Santa Rita de Cássia, pois seu nome foi escolhido em homenagem à santa. Disse: "Santa Rita de Cássia havia realizado várias coisas na vida, mas ela morreu sozinha". A participante parecia mostrar como ela percebia que em vida Cássia não foi valorizada como deveria, entretanto sua luta deveria ser levada em consideração como legado para todas nós.

Uma outra resposta me chamou atenção, pois os motivos da escolha foram diferentes. Enquanto as outras participantes falaram sobre mulheres que lutaram por seus direitos e diminuição das desigualdades, essa participante se sentiu à vontade para compartilhar com o grupo sobre a existência de uma mulher a qual ela disse que não admirava, mas que sua história havia lhe chamado a atenção. Sem se lembrar do nome direito, ela se referiu à mulher como: "uma das rainhas Elizabeths bebia ou se banhava com o sangue de mulheres jovens, para se manter sempre jovem e bonita". A participante se referia a Isabel Báthory (1560-1614), uma condessa húngara que é descrita historicamente como responsável por crimes hediondos. Conhecida como a "condessa sangrenta", conta a lenda que ela era obcecada por sua beleza e havia matado diversas adolescentes virgens e depois se banhado com o sangue delas numa tentativa de permanecer jovem.

Ao citar a história, a participante alertou sobre o modo como o padrão de beleza é imposto para as mulheres ao longo dos séculos na sociedade ocidental. Ao narrar a história da "rainha", a participante refletia se ela fazia parte da estrutura opressora ou se era mais uma vítima do sistema que aprisiona as mulheres.

Naquele momento, já estávamos desenvolvendo o trabalho com a narrativa. Mesmo de forma despretensiosa, as alunas já estavam contando a história de uma mulher que elas admiravam. Esse momento da oficina foi muito significativo: estar em roda e narrar sobre alguém que você admira.

Ao contar essas histórias, também foram compartilhadas experiências de força, onde todas as narrativas se conectavam, pois falávamos de mulheres com histórias de superação, que deixaram um legado para a humanidade. Mesmo que uma das respostas tenha sido diferenciada, ela nos fez refletir sobre como pode ser possível estar na estrutura como opressora e oprimida.

Ao ouvir os referenciais femininos das alunas, pude conduzir a oficina com questionamentos mais abrangentes sobre gênero, visto que as participantes tinham noção sólida sobre seus lugares sociais.

Dia 4 – Já estávamos na metade da oficina e como no encontro anterior estávamos focadas em narrar histórias de forma despretensiosa preparei um jogo teatral para essa aula que fosse mais lúdico e que pudesse nos fazer voltar às histórias de vida das participantes, para que aquelas experiências iniciais não se perdessem diante das referências que elas haviam apresentado e ainda tentassem encontrar alguma conexão entre suas histórias e a aula anterior a fim de que nós formássemos uma História Coletiva, que o tema do quarto encontro.

1. *História coletiva*: as participantes ficam espalhadas na sala. Uma pessoa vai começar a contar uma história pessoal com uma bola na mão. O comando é o seguinte: quem começar a contar a história terá uma bola na mão e, se em determinado momento em que a pessoa estiver contando a história, outra participante já tiver passado pela mesma situação, ela deve falar STOP! (ex.: uma conta que não mora com o pai e outra participante também não mora com o pai, fala STOP!). A pessoa que estiver com a bola joga a bola para ela, e deve continuar a sua história a partir daí. Se duas pessoas falarem STOP! ao mesmo tempo, a pessoa que está com a bola joga a bola para as outras participantes que não falaram STOP!, até que uma das participantes que falou STOP! pegue a bola.

> É importante que as participantes percebam com esse jogo que seus relatos se conectam por questões de gênero, classe e raça. O jogo não tem um momento certo para acabar. A facilitadora deve perceber quando é o momento de parar e pedir para que elas encerrem a história. Ela também pode participar do jogo.

Como de costume, as participantes se sentiram muito à vontade em compartilhar suas experiências, algumas histórias eram de conhecimento de todas, outras não. Ao mesmo tempo, elas mostravam solidariedade e acolhimento quando uma das participantes compartilhava um momento difícil de sua vida, elas estavam sempre interessadas pelo que era narrado. Elas estavam sempre presentes durante o jogo, muito dispostas a experienciar aquele momento.

Ao final do jogo, as participantes relataram que gostavam muito de participar da oficina, pois "dava uma sensação de alívio para continuar o dia", já que na parte da tarde elas também tinham aula. Me senti feliz quando elas afirmaram que gostariam que o tempo de duração da oficina fosse mais longo.

Sobre o jogo realizado, as participantes expressaram alegria em conhecer um pouco mais umas às outras. Alertaram para o fato de que mesmo passando o dia todo juntas na escola elas não conheciam muitas histórias que haviam sido compartilhadas.

Dia 5 – Nessa fase da oficina as participantes já tinham passado por perceber-se, reconhecer o valor das mulheres que as rodeavam e nomear mulheres com relevantes feitos históricos para a sociedade. Era o momento de finalizar as biografias e introduzir a preparação da performance.

2. ***Biografias desconhecidas***: em roda, todas jogam. As biografias impressas de: Malala Yousafzai, Elza Soares, Carolina de Jesus, Marta Vieira e Irmã Dorothy Stang foram entregues ao acaso para cada uma das participantes. Foi sugerido que elas lessem a biografia e logo após contassem para a gente o que haviam acabado de ler. Após esse momento, continuaríamos em roda, conversando sobre essas mulheres.

A escolha dessas biografias foi feita com o objetivo de abarcar as mulheres em sua diversidade, novas, idosas, brancas, negras etc., para que as participantes pudessem se identificar com alguma delas, já que as estudantes, apesar de terem idades semelhantes, também possuem suas subjetividades, assim como todas nós.

Apesar de cada uma das mulheres escolhidas possuir uma história de luta diferente, elas se conectam, quando percebemos que elas tiveram um elemento potencializador para o seu empoderamento. Seja no esporte, na escrita, no estudo, na arte ou na religião. Cada uma delas encontrou algo, teve um elemento que foi fundamental para seu processo de empoderamento. Essas mulheres foram protagonistas de suas vidas e fizeram história por acreditarem em seus sonhos e por superarem preconceitos de gênero, classe e raça.

A biografia da Irmã Dorothy foi colocada por mim após os primeiros encontros com as participantes, pois percebi que muitas delas tinham interesse por personalidades católicas que também fizeram história por seu protagonismo.

3. **Ouvir mulheres**: a proposta era apresentar canções e artistas femininas que falavam sobre feminismos e ouvir se as participantes tinham outras referências musicais relacionadas ao tema.

Perguntei se alguma das participantes gostaria de cantar uma das músicas. Uma delas disse que era afinada e poderia cantar, o grupo gostou da ideia e topou o desafio de cantar a música *Mulamba*, do grupo feminino também intitulado *Mulamba*.

3. Construindo a narrativa

A proposta de performance para o encerramento da oficina era que as participantes pudessem conectar alguma das biografias de mulheres que tiveram feitos relevantes para a história da sociedade com um relato pessoal de sua escolha. Nesse sentido, cada participante deveria escrever sua performasse narrativa. Entretanto, eu havia pensado que de alguma forma essas narrativas deveriam estar conectadas, já que, apesar das intersecções, o gênero feminino nos conectava enquanto mulheres. Esse arranjo deveria ser pensado no próprio processo de criação da performance como um todo, que deveria ser feito de forma coletiva.

Dia 6 – Para esse dia foi planejado que começássemos de fato o processo de construção da narrativa, no qual as participantes pudessem experimentar formas de escrita, conectando seus relatos pessoais e as biografias para a performance final.

1. **Preparando narrativas**: foi orientado que cada participante escolhesse apenas uma biografia, que poderia ser tanto uma das sugeridas por elas no início da oficina ou alguma que eu havia levado na aula anterior. Expliquei que seria para começarmos a trabalhar com o processo criativo da criação da performance.

A maioria das participantes escolheu a biografia da cantora Elza Soares como uma das referências para a performance.

---

2. *Escrevendo quem eu sou*: as participantes foram orientadas a escrever um relato de suas vidas que elas gostariam que fosse transformado em performance para nossa apresentação.

Ao terminarem, expliquei para as participantes minha sugestão de performance. Como não havia tempo hábil para que elas próprias fizessem a conexão entre seus relatos e as biografias selecionadas, me propus a fazer essa parte e levar no encontro seguinte. Elas aprovaram a ideia. A princípio pedi que cada participante escolhesse uma biografia, mas elas pediram para escolher duas e assim fizemos.

Ao chegar em casa, li as biografias escolhidas e os relatos, reparando que todos tinham algo em comum com a história de Elza Soares. Aproveitando o contexto, no encontro seguinte iria apresentar como proposta de título A MULHER DO FIM DO MUNDO, em homenagem a Elza Soares, pensando também que essa temática poderia abrir caminhos para estruturação da performance como um todo.

Dia 7 – Já tínhamos passado de metade da oficina e tínhamos que introduzir as participantes ao contato com a cena. Por isso, para esse encontro o objetivo era que as participantes pudessem ter contato com suas narrativas conectadas por mim e iniciarmos o trabalho com a cena.

1. *Contato com a narrativa escrita*: entreguei para cada participante a narrativa criada a partir do que que elas escreveram e das biografias escolhidas. Seria orientado para cada participante ler o que lhe foi dado, dar sua opinião e dizer se acha necessário retirar ou acrescentar algo em sua história. Caso as participantes estivessem tímidas, eu perguntaria se elas gostariam de contar suas próprias narrativas ou se querem ler umas das outras.

2. *Início do trabalho de narrar*: ainda com o papel em mãos, cada participante seria orientada a ler em voz alta sua narrativa para todas as outras participantes.

Nesse encontro, eu percebi, pela primeira vez, um certo receio das participantes em apresentar a narrativa para o público. Portanto, a partir dessa inquietação um dos objetivos passou a ser pensar em estratégias que permitissem que elas ficassem mais à vontade em cena e com a performance. Para isso, seria necessário que elas se sentissem mais parte ainda do processo. Algumas redefinições coletivas foram feitas e a equipe passou a se sentir mais segura:

1. Perguntei para as participantes se elas gostariam de contar suas próprias narrativas, ou se preferiam contar as narrativas umas das outras. Elas responderam de forma afirmativa e aliviada que gostariam de contar as histórias umas das outras.

Após esse momento, refleti e pensei que poderia ter me equivocado em dar essa alternativa para as participantes. Meu intuito inicial era de que elas contassem as próprias histórias e que isso sim seria um elemento principal para o processo de empoderamento.

Entretanto, à medida que continuamos o processo e que apresentamos a performance, percebi que contar as histórias umas das outras, na verdade, as aproximou de uma forma diferente. Isso porque caracterizou o processo de forma mais cênica, ou seja, as participantes encararam o processo como algo externo, e não como uma terapia, e mesmo assim foram capazes de se sentir potencializadas e inspiradas pelas histórias que contaram.

---

2. Local de apresentação: inicialmente faríamos duas apresentações, uma na escola das participantes para os outros alunos e outra na Universidade de Brasília. Entretanto, notei que as participantes não se sentiriam à vontade para narrar aquelas histórias para seus colegas. Propus que elas apresentassem para os professores. Poderíamos fazer um debate ao final da apresentação, sobre empoderamento e a potência do professor nesse processo.

Dia 8 – Para esse encontro foi planejado que eu entregaria as narrativas finalizadas após os últimos ajustes. Entretanto, apenas duas das seis alunas estavam presentes. As outras quatro não haviam ido à escola ou não puderam comparecer por motivos diversos. Portanto, entreguei as narrativas prontas para as alunas presentes e solicitei que repassassem para o restante das participantes. Comuniquei que poderiam decidir entre elas como seria a distribuição das histórias.

Na semana seguinte não consegui encontrá-las na escola. A essa altura eu me lembro de já não saber o que fazer direito. Tinha certeza de que as participantes estavam gostando do processo, mas que, por ser um período complexo do calendário escolar, com muitas provas etc., elas estavam sobrecarregadas. E eu precisava terminar minha pesquisa. Nessa altura do campeonato não havia mais tempo hábil para apresentar para os professores na escola, devido ao calendário escolar. E as alunas já falavam sobre deixar a apresentação para o ano seguinte. Entretanto, naquele momento presumi que esperar mais um longo tempo talvez não fosse a solução mais viável para o projeto como um todo.

Então, no nosso grupo de comunicação virtual, escrevi para as participantes, perguntando se elas tinham desejo de apresentar ainda que somente na UnB, na mostra semestral dos alunos de graduação em Artes Cênicas 63º Cometa Cenas. Elas disseram que se tivessem mais um encontro gostariam de apresentar as narrativas como resultado da oficina.

Conseguimos organizar nossas agendas para ter mais dois encontros, antes da apresentação final. Esses últimos encontros foram dedicados ao trabalho com a memorização do texto, visando a que as participantes se sentissem à vontade em cena, e com sugestões de composições estéticas para a performance como um todo.

4. Apresentação para o público

Os dois últimos encontros tiveram duração de 50' cada. No primeiro deles, tivemos a notícia de que uma das participantes não iria fazer a apresentação final, por motivos pessoais. A participante também cantaria a música escolhida pelo grupo. Ficamos um pouco abaladas com a falta da participante, mas logo começamos a definir como seria a apresentação, pois tínhamos pouco tempo para trabalhar e muita coisa para resolver. Naquele encontro decidimos que a música seria colocada na narrativa de forma eletrônica. Também, decidimos os conceitos que conduziriam a performance.

Sobre a temática que seria usada como orientação para a estética da apresentação, decidimos que seria: *Podemos escrever nossa própria história*. Nesse sentido, adotamos uma cenografia mínima na qual estariam colados na parede do fundo da sala nomes de várias mulheres que conhecíamos e que considerávamos, fossem elas reconhecidas nacionalmente ou não. Eram, em sua maioria, nomes de mães, tias, avós, professoras, mulheres do nosso convívio que decidimos homenagear naquele momento. Escrever aqueles nomes se fazia necessário para tentar gerar no público a percepção de que, mesmo que tenham sido invisibilizadas ao longo dos séculos, as mulheres escreveram e escrevem suas próprias histórias.

Também fazíamos o uso de cinco cadeiras, nas quais cada uma das participantes estaria sentada enquanto outra estivesse contando sua narrativa, cada uma delas poderia decidir também se narraria sua história em pé ou sentada. A opção pela cadeira na cenografia foi uma tentativa de deixar as alunas mais à vontade em cena. Tendo em vista o pouco tempo que tivemos para um preparo técnico, constatei que ficando sentadas talvez elas se sentissem mais à vontade com aquela situação.

Outro recurso utilizado foi a participação do público na apresentação. Ao entrar na sala cada pessoa da plateia receberia uma folha de papel em branco. Ao final da apresentação, as narradoras incitavam o público a escrever seus nomes e colar na parede.

Preparar aquela performance não foi fácil, foram várias as complexidades que envolveram o processo no qual, apenas uma semana antes da data da apresentação, tivemos a confirmação de que ela realmente poderia acontecer. Entretanto, todas nós escolhemos que seria uma prioridade que aquela apresentação se realizasse. Percebi que mais do que o compromisso que as participantes tinham comigo, o que as fez apresentar foi o desejo de narrar para as pessoas suas histórias e histórias de outras mulheres tão importantes, como Elza Soares e Marta Vieira.

No dia da apresentação, marcamos de nos encontrar na escola das alunas, CEMI-Gama, três horas antes da apresentação no Cometa Cenas, tendo em vista que iríamos de transporte público coletivo e a escola fica na cidade do Gama, a uma distância de 35 km da Universidade de Brasília. Todas as meninas chegaram no horário, e estavam muito empolgadas com a apresentação. A mãe de uma das participantes decidiu acompanhar a filha. Chegamos ao Departamento de Artes Cênicas com uma hora de antecedência. A equipe de produção do Cometa Cenas nos conduziu até a sala, onde pudemos começar a preparar a estrutura da apresentação.

Destinamos um tempo relevante para escrever os nomes de mulheres inspiradoras nas folhas e colá-las na parede. Foi um momento de afeto e confraternização, quando juntas selecionamos os nomes de quem gostaríamos de homenagear naquele momento. Como aplicamos um tempo maior para essa atividade, nos sobrou pouco tempo para ensaiar as narrativas antes de apresentar. Entretanto, as participantes encararam a situação com uma disposição inimaginável.

> O parágrafo anterior foi escrito na época da pesquisa. Atualmente, mais distanciada do processo e conversando com outras pessoas sobre esse período, eu me questiono sobre como me surpreendia o engajamento das participantes com o trabalho. Os adjetivos que eu usava na escrita para descrever esses momentos mostram que eu possivelmente não me achava merecedora da atenção das participantes ao trabalho. Parece que o meu processo de empoderamento também estava em curso. Não é mesmo?

Antes de começar a apresentação, nos abraçamos e eu disse algumas palavras de força. Confesso que não me lembro o que disse, mas me lembro do meu estado, extremamente ansiosa com aquela situação. Tive muito receio de que as participantes ficassem inseguras, principalmente porque não tivemos um tempo adequado para que elas pudessem se adaptar à história narrada. Entretanto, elas me surpreenderam em todos os sentidos.

Todas as alunas tinham uma experiência com o teatro, pois a escola realizava um projeto chamado "Sarau", no qual os alunos produziam uma peça que era apresentada para a comunidade escolar. Mesmo assim, essa era uma experiência empírica, ou seja, a maioria delas não teve aula de teatro ou contato com técnicas teatrais para além da peça amadora.

A maioria das participantes também faziam parte de um outro projeto desenvolvido na escola que discutia questões de gênero. Ou seja, o projeto escolar, a disponibilidade das participantes e a oficina formaram uma base sólida para que elas se sentissem seguras para realizar a apresentação diante de uma plateia universitária.

Apesar do nervosismo comum de estar naquela situação, elas se mostraram muito seguras do que estavam falando em todo o tempo durante a apresentação. Era nítido o desejo que elas possuíam de estar em cena, contando para outras pessoas as histórias de suas amigas e de outras mulheres que admiravam. Eu assistia à apresentação e tentava fotografar ao mesmo tempo, em um nervosismo incomum.

Me lembro exatamente do momento em que tive que parar de fotografar, porque aquela era uma experiência que merecia ser vivida por inteiro. Por isso, não cabia que eu dividisse meu tempo com outros afazeres. Enquanto espectadora me encantou ver a simplicidade e força que as participantes traziam às narrativas.

A performance se encerrava com as narradoras pedindo que a plateia reescrevesse suas histórias e que se inspirassem nas mulheres narradas e em outras para que fossem também "uma mulher do fim do mundo" (Elza Soares). O objetivo era que homens e mulheres escrevessem seus nomes. Entretanto, os homens presentes escreveram os nomes de suas mães no papel, mesmo que em nenhum momento lhes tenha sido feito tal pedido. Pelo contrário, as narradoras entregaram as canetas para eles no sentido de encorajá-los a escreverem suas histórias também. Esse gesto teria sido uma homenagem às mulheres que os inspiravam?

Ao conversar com as participantes ao final da apresentação, era visível a felicidade e orgulho que estavam sentindo pelos elogios recebidos da plateia presente. Estavam muito satisfeitas com o resultado alcançado por elas. Após a saída do público agradeci pela oportunidade de conhecê-las e ressaltei o quanto tinha sido proveitoso participar daquele momento com elas. E o principal, que gostaria de tê-las tido como amigas no meu ensino médio. Então, dei a elas um copo colorido para que guardassem de lembrança daquele momento.

Agora, escrevendo sobre esse processo, me sinto muito grata ao lembrar daquelas adolescentes que atravessaram meu caminho e me ensinaram tanto sobre empoderamento. Um dos elementos mais relevantes dessa experiência de pesquisar foi poder renovar a esperança em mim e nas adolescentes de que as circunstâncias sociais são condicionantes, e não determinantes. Os escritos de Paulo Freire inspiraram e embasaram esta pesquisa em todos os aspectos, portanto, para terminar este capítulo, acho necessário citar uma de suas frases que me motiva a continuar caminhando rumo a uma transformação social: "A realidade, porém, não é inexoravelmente esta. Está sendo esta como poderia ser outra e é para que seja outra que precisamos, os progressistas, lutar" (Freire, 1994, p. 83).

Continua sendo fundamental instigar os alunos e alunas a escreverem suas próprias histórias a partir dessa ideia freiriana de que a realidade não é fixa, ela se modifica à medida que nos movimentamos.

VIII

POTENCIALIZAR OUTROS PROCESSOS DE EMPODERAMENTO ME EMPODEROU

Figura 6 – Encerramento da apresentação com as participantes da oficina (2018)

Fonte: Thiago Silva

Durante a realização dessa oficina, me senti em conflito muitas vezes enquanto educadora porque eu estava encerrando um ciclo muito importante para minha vida que era a graduação em Artes Cênicas. Meu principal questionamento era: como me propunha a falar para aquelas adolescentes que era possível extrapolar os limites impostos por meu lugar social se eu ainda passava por dificuldades financeiras e profissionais? Foram vários os momentos, durante aquele período, em que parei de escrever a pesquisa para chorar porque eu ainda possuía pensamentos fatalistas e isso me fazia querer desistir de realizar a oficina.

Ao reler a pesquisa para a escrita deste livro eu me deparo com aquela Jemima que mesmo com medo segurou na mão do teatro, das suas antepassadas e das mulheres presentes ao seu redor para ter forças de seguir em frente. Não dá para segurar a emoção e o orgulho de quem eu fui.

A desesperança na sociedade e em mim me fez sentir que era incapaz de estimular em outras pessoas potencialidades para desenvolverem suas habilidades e forças para alcançarem o empoderamento individual galgando um empoderamento coletivo. Entretanto, percebo que essas crises foram fundamentais para que, durante o processo, eu não me colocasse como alguém que estava ali para entregar uma salvação para aquelas participantes, afinal o empoderamento é um processo contínuo e coletivo. Estávamos juntas procurando formas de superar as limitações impostas pelo patriarcado.

Ao narrarem as histórias para o público, as participantes estavam muito à vontade em falar sobre questões que envolviam gênero, raça e classe. Dois motivos devem ser relevados: as participantes já possuíam experiência, mesmo que mínima, com atuação, em razão do projeto Sarau do CEMI-Gama, como já citado anteriormente, e outro aspecto fundamental, o desejo. Mesmo que o processo de treinamento de atuação não tenha ocorrido como idealizei, as participantes se mantiveram firmes no objetivo de construção de universos psicossociais e afetos a partir do encontro de corpos. Ou seja, no que se refere a prender a atenção da plateia o recurso técnico — desejo — foi utilizado como dispositivo pelas participantes.

Ao ver o resultado final da oficina, a apresentação de *A mulher do fim do mundo*, concluí que o objetivo traçado de revelar as potencialidades do recurso narrativo fomentando o empoderamento foi alcançado.

Agora, mais distanciada da oficina, percebo que durante o processo as noções de lugar social e empoderamento foram exemplificadas ao invés de explicitadas. Por exemplo, ao contar suas narrativas, cada participante falou sobre seu lugar social, e naquele momento cada uma de nós pôde captar o que tínhamos em comum e o que nos era singular. A partir da escuta de suas narrativas foi possível compreender o quanto as participantes obtinham uma noção ampla sobre seus lugares sociais, opressões e possíveis privilégios. Com base nessa observação, optei por aprofundar o trabalho no caminho de buscar formas de superar as opressões que nos cercam, ao invés de explicitar conceitos que já soavam tão familiares para elas.

O estudo das biografias foi importante no sentido de nos mostrar como é possível encontrar alternativas para que possamos lutar por uma libertação social. Agregar essas biografias aos relatos pessoais das alunas, culminando numa narrativa, foi uma tentativa de aproximar ainda mais essas vivências, e fomentar o processo de luta por mudanças sociais e de gênero.

Concluir esta pesquisa foi ato de resistência e redenção, visto que até mesmo naquela fase final alguns pensamentos que se perpetuaram em minha adolescência — "que eu não conseguiria me formar" ou "que eu não pertencia a esse lugar acadêmico" — se fizeram presentes com muita força. Portanto, acredito que é preciso fortalecer as outras dimensões do empoderamento, por exemplo, a psicológica, para que possamos aprender que somos dignas de sermos amadas e respeitadas. É importante também encarar a educação como um ato político (Berth, 2018, p. 47) para que os adolescentes periféricos brasileiros consigam se enxergar desde cedo como seres humanos capazes de superar seus condicionantes sociais.

Sobre o processo da oficina e a apresentação final, teve uma situação que me tensionou profundamente naquele momento e me tensiona até hoje. Ao final da apresentação da performance, a mãe de uma das participantes que acompanhou a filha me abordou para uma conversa. Seu nome é Sônia Oliveira e ela me parabenizou pelo projeto e sorrindo disse que ele também era necessário ser feito com os meninos.

Acho que para atender à sugestão de Sônia talvez me seja necessária uma outra pesquisa. Porém é preciso considerar a necessidade de se trabalhar com reconhecimento de lugar social com todos para ampliar o debate e a luta contra as desigualdades. As questões de raça, classe, gênero e orientação sexual estão intrinsecamente ligadas e não é possível pensar em uma libertação de gênero sem refletir sobre os outros fatores de aprisionamento apresentados. Portanto, ampliar essa proposta para meninos pode agregar muito valor à luta pela transformação social, quando pensamos que, considerando os aspectos interseccionais, mesmo sendo homens, muitos adolescentes vivem situações de opressões que precisam ser superadas e são formados socialmente para efetivar opressões. Caso tenha oportunidade de implementar essa oficina novamente, eu a reformularei pensando também "nas questões sociais que aprisionam os meninos em uma heteronormatividade que os induz a confundir masculinidade com violência" (Tiburi, 2018, p. 38), incluindo-os como possíveis participantes.

Muitos contratempos acontecem durante o processo, mesmo que se programe, estude e planeje, várias coisas fogem do nosso controle. Por exemplo, acredito que minha inexperiência em trabalhar com adolescentes e excitação com o tema me deixaram muito ansiosa nos primeiros encontros, fazendo com que eu não potencializasse alguns debates. Eu, imaturamente, pensei que deveria levar respostas prontas para as participantes ao invés de levantar questionamentos, para que juntas pudéssemos pensar em respostas. Outro ponto que me causou muita inquietação foi o fato de uma das alunas sair do processo. Fico me perguntando se ela realmente saiu por questões pessoais, ou se de alguma forma a mensagem que eu gostaria de passar não havia chegado até ela.

Concluí esta pesquisa com um sentimento de satisfação e desejo de continuar. Tendo em vista os contratempos que tive, acredito que numa próxima ocasião poderia realizar a oficina de uma forma mais calma, trazendo para os participantes outros elementos potencializadores, como os estudos de Paulo Freire e filmes com histórias de superação. Outro ponto que desenvolveria melhor seria a preparação para a cena. Penso que o trabalho teatral, com enfoque narrativo principalmente, pode ajudar os educandos a desenvolverem diversos aspectos que contribuiriam para seus processos de tomada de consciência podendo levar a uma libertação social. Além disso, potencialidades individuais que vão além da cena, como concentração, criatividade, socialização e muito mais, também podem ser desenvolvidas no processo estético.

Um dos elementos que não reformularia numa próxima edição seria a relação horizontal desenvolvida com os participantes. Devido a ela foi possível trabalhar de forma colaborativa compartilhando saberes de forma democrática e generosa. Pensar em diferentes saberes ao invés de pensar em uma hierarquia de conhecimentos, levando em consideração a formação escolar de cada uma, foi fundamental para que o trabalho ocorresse de forma fluida.

Me sinto orgulhosa de terminar esta pesquisa. Honrar a nós mesmas é uma forma de saudar as nossas ancestrais, garantindo que finalmente entendemos que somos dignas de ser respeitadas. O processo de tomar consciência de quem se é individual e coletivamente, lutando todos os dias pela libertação, não é fácil. Buscar potencializar o empoderamento de outras pessoas também é uma forma de empoderar-se.

Encerrei a oficina e a pesquisa há anos, dando adeus ao medo de nunca me formar na graduação. A neta de quem passou fome no sertão de Pernambuco vai ser doutora em Artes Cênicas, a primeira da família. Continuo decidindo que minha passagem por este mundo será de quem luta para que cada vez mais pessoas consigam se amar e existir em igualdade de direitos e oportunidades.

POSFÁCIO

Palavra Mulher: práticas teatrais e narrativas de liberdade é um livro de histórias. Uma história sobre a formação de uma professora de artes cênicas. Outra história sobre o processo de empoderamento de uma garota periférica que pensou em trazer com ela outras garotas e que acabou ouvindo as histórias das mães e avós dessas garotas! É um livro de histórias que entrelaçam outras histórias através do fio da narrativa de uma professora e artista na cena feminista.

As narrativas de Jemima nos colocam ao seu lado, nos convidam a ceder nossos olhos, ouvidos e imaginação à sua experiência: uma vivência desejosa por conquistas e resiliente no enfrentamento do medo que muitas mulheres acreditam ser só delas. Saber sobre os medos que circundam a narradora/autora nos fortalece a todas porque percebemos que são medos semelhantes aos nossos, engendrados em cíclicos pensamentos negativos ou catastróficos sobre nós mesmas, consonantes às lógicas patriarcais. Contudo, é contagiante a coragem dela ao assumir o seu lugar no mundo reconhecendo-se em opressões e privilégios que, longe de lhe oferecer indulgências, a responsabilizam publicamente: Para que lados da história ela vai rumar? Que rumos da história ela vai abrir?

Com a autora conhecemos processos de empoderamento em fluxo, tomamos parte das experiências da professora em formação assumindo seu lugar de provocadora de questionamentos e reflexões. O mesmo lugar que a cobra por tomada de decisões, redirecionamentos dos caminhos adotados e escuta — entre tantas outras habilidades — para assumir um lugar que sugere, simultaneamente, firmeza e flexibilidade.

Jemima nos apresenta o feminismo interseccional como um chamamento ao exercício da alteridade, como forma de compreensão da complexa e desigual realidade social. Ela nos coloca diante de uma ferramenta para compreendermos quem temos sido, pelo que têm sido pautados os nossos desejos, qual a nossa proximidade ou distância em relação aos nossos direitos em nossas trajetórias de vida. A ferramenta nos permite compreender a simultaneidade de diversas opressões e nossas responsabilidades em unir lutas contra opressões ao invés de fragmentá-las — uma vez que a origem das desigualdades é nutrida pelas várias adaptações do sistema capitalista, que se fortalece na medida em que as lutas se fragmentam.

Os saberes teatrais e narrativos compartilhados pela autora nos sugerem que na invenção estética ou quando nos colocamos no lugar de outras pessoas somos lembrados que podemos imaginar, sonhar outras realidades, que podemos ter empatia e, sobretudo, podemos mudar aspectos dos nossos lugares sociais. O teatro é lembrado por Jemima como o lugar de reconhecer-se, mas também como o lugar de tornar-se outros desejados, exercício que se dá em coletivo.

Com lentes críticas e afetuosas, Jemima nos leva pelos entremeios da experiência e descreve delicadas circunstâncias do trabalho estético-pedagógico. Nos conduz pelo seu trabalho como diretora junto às narradoras-atrizes, cocriadoras de *A Mulher do Fim do Mundo*. Ela conta como o coletivo de mulheres adolescentes juntou suas histórias às histórias de mulheres que as enchem de desejos — mulheres reconhecidas e mulheres próximas a elas, como suas avós e mães — e se encorajou a compartilhar a experiência delas com um coletivo desconhecido.

Palavra Mulher: práticas teatrais e narrativas de liberdade nos coloca em contato com saberes e práticas que se somam às pedagogias teatrais feministas consolidadas no Brasil nos últimos anos, para as quais histórias de vida de mulheres têm sido uma relevante chave estética e crítica. Jemima nos apresenta um fazer teatral também em processo de reinvenção e nos invoca a conhecer como o teatro pode encorajar mulheres a resistirem e ressignificarem suas existências.

Sulian Vieira

Doutora em Arte pela Universidade de Brasília (2013), mestra em Applied Theatre pela University of Manchester-RU (1999) e bacharel em Interpretação Teatral pela Universidade de Brasília (1995).

REFERÊNCIAS

ALBUQUERQUE, G. V. P. de. Programa Mulheres Inspiradoras e identidade docente: um estudo sobre pedagogia transgressiva de projeto na perspectiva da Análise de Discurso Crítica. Brasília, 2020.

DE ALBUQUERQUE, G. V. P. Eixos transversais e Ensino: O projeto Mulheres Inspiradoras e o poder transformador da Educação. **Revista Com Censo**: Estudos Educacionais do Distrito Federal. Brasília, v. 5, n. 3, p. 169-176, 2018.

BEDRAN, B. **A arte de cantar e contar histórias**: narrativas orais e processos criativos. Rio de Janeiro: Nova Fronteira, 2012.

BENJAMIN, W. **Magia e técnica, arte e política**: ensaios sobre literatura e história da cultura. São Paulo: Brasiliense, 1994.

BERTH, J. **O que é empoderamento?** Belo Horizonte: Letramento, 2018.

BOAL, A. **O arco-íris do desejo**: método Boal de teatro e terapia. Rio de Janeiro: Civilização Brasileira, 1990.

BUENO, W. de C.; ANJOS, J. C. dos. Da interseccionalidade à encruzilhada: operações epistêmicas de mulheres negras nas universidades brasileiras. **Civitas**: Revista de Ciências Sociais, [*s. l.*], 2022.

CASTRO, Ana Carolina de Sousa. **A Estética do Oprimido como práxis pedagógica**: um estudo com professores de artes do DF em tempos pandêmicos. Brasília, 2022.

DAVINI, S. Vocalidade e Cena: Tecnologias de Treinamento e Controle de Ensaio. **Folhetim**: Teatro do Pequeno Gesto, Rio de Janeiro, n. 15, p. 56-73, 2002.

DELEUZE, Gilles. **A imagem-tempo**: cinema II. Tradução de Eloisa de Araújo Ribeiro. São Paulo: Brasiliense, 2007.

EVARISTO, C. **Olhos d'água**. Rio de Janeiro: Pallas Editora, 2016.

FERRARI, M. Paulo Freire, o mentor da educação para a consciência. **Nova Escola**, [*s. l.*], 1 out. 2008. Disponível em: https://novaescola.org. br/conteudo/460/mentor-educacao-consciencia. Acesso em: 25 jan. 2018.

FREIRE, P. **Pedagogia da autonomia**. São Paulo: Paz e Terra, 1996.

GONZALEZ, L. Racismo e sexismo na cultura brasileira. *In*: SILVA, L. A. (org.). **Movimentos sociais, urbanos, memórias étnicas e outros estudos**. Brasília: Anpocs, 1984. p. 223-244. (Ciência Sociais Hoje, 2).

GUARESCHI, P. Empoderamento. *In*: STRECK, D.; RENDI, E.; ZITKOSKI, J. (org.). **Dicionário Paulo Freire**. Belo Horizonte: Autêntica, 2009. p. 147.

LIGNELLI, C.; VIEIRA, S. **Laboratório de Teatro 1**. Módulo 7. Licenciatura em Teatro. Brasília: Gráfica e Editora Brasil, 2013.

MATEUS, S. A Experiência e a Vivência: proposta de uma teoria modular da comunicação. **E-compós**: Revista da Associação Nacional dos Programas de Pós-Graduação em Comunicação, Brasília, v. 17, n. 2, maio/ago. 2014.

MATIAS, L. **A arte de contar histórias**: abordagem poética, literária e performática. São Paulo: Ícone, 2010.

MENDES, V. Projeto estimula equidade de gênero na rede pública de ensino. **Agência Brasil**, [*s. l.*], 2017. Disponível em: https://www.agenciabrasilia. df.gov.br/2017/02/06/projeto-estimula-equidade-de-generona-rede-publica-de-ensino/. Acesso em: 8 jun. 2017.

OLIVEIRA, A. **Entre a Periferia e uma escola de elite**: um estudo sobre trajetórias de jovens bolsistas de camadas populares. São Paulo: [*s. n*], 2013. Disponível em: https://www.teses.usp.br/teses/disponiveis/48/48134/tde-28012014-093926/pt-br.php. Acesso em: 2 maio 2018.

REP - Histórias de Classe: Gina Vieira criou projeto sobre mulheres inspiradoras. Rio de Janeiro: TV Globo, 2017. 1 vídeo (9 min.). Disponível em: https://www.youtube.com/watch?v=tL3isoZST04. Acesso em: 15 jan. 2018.

RIBEIRO, D. **O que é lugar de fala?** Belo Horizonte: Letramento, 2017.

ROLNIK, S. **Cartografia Sentimental**: transformações contemporâneas do desejo. Porto Alegre: Sulina, UFRGS, 2007.

TIBURI, M. **Feminismo em comum**: para todas, todes e todos. Rio de Janeiro: Rosa dos Tempos, 2018.